超自分史のススメ

まえがき

この本の発行日である二〇二三年一二月九日は、ヌース出版の創立三〇周年記念日です。この日を記念して、私自身の自分史を発行しようと考えていました。私はヌース出版の設立者であり代表取締役社長ですが、地方の私立大学の経営学部を二年も留年して卒業しました。学生時代には殆ど勉強せず本も全く読まず、バイトと種々雑多な趣味（遊び）に明け暮れ、支離滅裂な生活を送っていました。留年が決まった時には、大学を中退して競輪選手を目指そうと本気で考えていました。

バブルの恩恵により、三〇歳で国際評論社という出版社に就職出来ました。その後二つの編集プロダクションで編集の経験を積みましたが、バブルが弾けてリストラされたのがきっかけで三三歳の時にヌース出版を設立したのです。会社経営に関しては、社長という立場になってから学んだことが殆どでした。そんな会社を三〇年も経営し続けることが出来て、自分で言うのも何ですが、よくやってきたと思っています。こんな私の半生を自分史という形で紹介することは、多くの方々に勇気を与えたり生き方のヒントになるのではないか、それが当初の自分史を書こうと思った動機でした。ところが、実際に書き進める内に様々な効用に気付き始め、この本の内容に変更することになったのです。

『超自分史のススメ』というタイトルで本書を手に取られた方は、自分史に何かしら関心があるからだと思います。自分史を超えるとは何かという疑問も生じたのではないでしょうか。

私には忘れかけていた恩師や恩人が沢山います。自分史をつくっていると、受けたご恩の記憶が蘇ってきます。残りの人生を感謝する気持ちで生きることが出来るのも、自分史をつくることのメリットだと思います。下手に自分探しをするよりも、自分史をつくっていると本当の自分が見えてきます。自分の欠点も長所も、はっきりと浮かび上がってきます。自分の善き個性に気付かせてくれ、自分史をつくった先には個性の花を咲かせる未来が開けてくるのです。

自分史をつくることは大変な作業ですが、それ以上の喜びが得られます。まずはこれを実践して頂く為のアドバイスや、私独自の自分史のつくり方を第一部に書きました。

第二部は、自分史を完成させた先に拡がる人生の為に、自分史を自分史で終わらせない、超自分史にすることを勧める内容になっています。巻末には、自分史を超自分史にする為の一つの手段として「ヌース自分史選書」の募集要項を掲載しています。

第三部には、会社を設立するまでの私の自分史をサンプルとして掲載しました。第三部の第四話「支離滅裂な大学生活」は、写真と説明文だけでつくる自分史のサンプルになっています。自分史を書いた経験を元に自分史のつくり方を綴っていることや、著者自身の自分史をサンプルに掲載している類書はなく、そう言った意味では稀有な本だと自負しています。

目次

目次

目次

第一部

思い出という自分だけの宇宙へ旅立つ

生きた証を一冊の本にして残す

心に消えない思い出は、自分以外の誰にも見ることの出来ない貴重なものです。自分史を書くということは、自分だけの心の宇宙へ旅立つことです。楽しい思い出ばかりではないかもしれません。それがどんなに辛いものであったとしても、それを乗り越えて今を生きている貴方にしかつくることが出来ないもの、世界にたった一つだけの本が、貴方の自分史なのです。自分の人生を振り返り、印象深く心に残っていることを書いて自費で本にし、営利を目的とせず限られた数・対象で個人的に発行するものですが、対象が親戚や身近な人だけだとしても、印刷・製本して配布する以上、それは「私家版」という出版物になります。

出版社から依頼されて出来る商業出版の自伝・自叙伝・伝記・評伝などとは異なり、自分史は流通させず思い立った時に、自分の思うように自由につくることが出来ます。定年後、時間に余裕が出来てからつくるのもいいでしょう。人生一〇〇年時代になり、折り返し地点の五〇代・六〇代で書き始めるのもいいでしょう。自分が生きてきた証を一冊の本にして残すことはとても有意義なことであると思っています。

自分の人生に書くべきことはない、と思われる方がいるかもしれません。しかし、どんな人生でも、書き残すこと自体に価値があると考えています。

加藤登紀子さんの『百万本のバラ』というヒット曲に次のような詩があります。

出会いはそれで終わり　女優は別の街へ
真っ赤なバラの海は　はなやかな彼女の人生
貧しい絵かきは　孤独な日々を送った
けれどバラの思い出は　心に消えなかった

自分史は自分にしか書けない日記の様なものですが、日記と違うのは何年も何十年も心に残ったことが自分史になるという点です。心に消えないで残っている思い出を自分史に書くことで、貴方が生きた証が一冊の本となって子々孫々と読み継がれていくのです。これがノートに書かれた日記なら、偉人として名を残すか作家として有名にならない限り、貴方の死後、ゴミとして捨てられるのが落ちです。

人生色々、山あり谷あり、順調に行く時期もあれば行かない時期もあります。色んな障害、色んな横槍、様々な運命や因縁等などによって、思い通りに行かないことの方が多いかもしれません。そういった逆境も苦い経験も、本にすることで生きてくるのです。あなたの経験を教訓にして自分史に書き込むことで身近な人々にとっての人生訓として生きてくるのです。

自分史を書いていると、色んなことに気付くことが出来ます。今までの人生で、順調な時期には傲慢になり、逆風の時期には苦しみ失望する。どんな人にも、失敗があり、間違いがあり、後悔がある。そんな過去の自分を振り返ることで、あらゆることに気付かされます。自分史を書く・つくる過程で自分を見直すことは、自分探しの旅以上の効用があります。忘れ去っていた幼少期の自分を思い出し、本当の自分を見出すきっかけになる方もいるでしょう。自分の強みや自分の得意なことが明確になるかもしれません。自分の弱さ・弱点を思い出すことになるかもしれません。自分を誤魔化し、本当の自分を封印して生きてきた半生だったことに愕然とするかもしれません。

しかし、折り返しの人生・後半の人生・残りの人生にとって最も大切なことは、自分が歩んできた軌跡を本という形にする作業を通じて、過去の自分を反省し、自分を見つめ直し、お世話になった人たちを思い出して感謝して生きることだと思います。感謝と懺悔を何ども繰り返すことになるかもしれませんが、かけがえの無い貴方の人生の再出発のきっかけを与えてくれるのも自分史づくりの大きなメリットだと考えます。

文章を書く能力

自分史を書こう、つくろうと思い立ったとしても、いったいどういった手順で進めればいいのか途方にくれるかもしれません。私も自分史を書こうと決めたものの、どう書いていくべきか分からず、自分史の書き方といった内容の本を何冊か読みました。それぞれに参考になることがあり自分史づくりに役立ちましたが、右往左往しながら書いていくうちに、自分流の書き方というものが出来ていったように思います。実際に自分史を書き上げた経験から、私なりのオリジナルな自分史のつくり方も加えてご紹介します。

その前に、そもそも文章を書く能力がない、と思い込んでいる方もいらっしゃるかもしれませんので、哲学者の鷲田小彌太先生の文章をご紹介します。

言い残したいもの、書きたいものがあるから、書く、と司馬さんはいいます。しかし、いかに司馬さんが天才であっても、まずは書いてみなければ、いいたいことが、書きたいことが、「わからない」と思えます。「わかる」とは「明快になる」ということです。書くまでは、テーマは決まっていても、ぼんやりしたイメージのままです。「曖昧模糊」ですね。

言い残したい大事なことがある。これを書き残さなければ死ねない。こういう切実な思いに囚われて書きはじめ、悪戦苦闘の末に書き上げたとします。でも、一読して、構成が支離滅裂です。明快な部分は平凡で、曖昧模糊の部分は珍奇です。自分の無能を恨みたくなります。でも、書きはじめというのは、大方の人がこういう無残な結果になるのです。

『まず「書いてみる」生活』（鷲田小彌太　著）【祥伝社新書】

一つのテーマで一冊の本を書くというのは、自分史以外では、鷲田先生が書いておられる通りだと思います。一冊の本の文字数まではいきませんが、私もこの第一部と第二部を書くには苦労しました。

しかし、私の自分史である第三部では書き始めは苦労しましたが支離滅裂にはならず、慣れてくると意外と多くの文字数になっていました。自分の過去・思い出を書くというのは、日記と似たようなところがあります。自分史というのは、文章を書く能力に自信をつけることにもつながるのです。鷲田先生は、「定年から書く能力が開かれる」とも書いておられます。定年から物書きとしての生活を始めるきっかけになるかもしれません。まずは自分史を書き切って文章を書く能力に自信を付けることから始めて頂きたいのです。

ゴールを決める

自分史をつくり始める前に、まずはゴールを決めることから始めます。これを決めないと人間というのは楽な方に流れていき、多少は産みの苦しみが伴う自分史づくりなど、いつまで経っても出来ません。しかし、自分史づくりは鈍行列車の様なものです。ゴールの決め方も自由ですが、既に著書を持つ人以外は最低でも一年はかかると思っていた方がいいでしょう。

美学者の佐々木健一先生は、『日本的感性』【中公新書】の「あとがき」に次のように書いておられます。

～全体的構造論に途を開いたのは、『ロゴスドン』という季刊の雑誌が連載の場を提供してくれたことにあります。この申し出を受けて、毎回、感じ方に特徴のある歌を一首取り上げて論ずる、そうすることによって日本的感性の多彩な側面を学んでゆく、という経験的探求の方針を立てました。二〇〇三年夏の第五四号から、同誌が休刊になる二〇〇九年夏の第七八号まで、二五回にわたって、毎回（四〇〇字換算で）一〇枚の原稿を書き続けることができ、これが本書の直接の母体になっています。～

連載には締め切りがある、つまりゴールが決められています。佐々木先生のような偉大な学者でも、ゴールが決まっていたから原稿を書き続けることが出来たわけです。

ゴールを決めたとしても計画性を持って進めることが出来る人もいれば、私のように追い込まれなければやる気になれないタイプの人もいるでしょう。後者の場合、ゴールを決めていれば徐々に精神的な圧迫が強まり、土壇場に追い込まれれば「今ここ現象」が生じてドンドンと書き進めることが出来ます。これは認知科学者の戸田正直先生が言われたことで、次のように説明されています。

例えば、何か猛獣に追っかけられて、野生人が逃げているとします。その時に、非常に強い感情、強い恐れを感じている。そういう時に、あまり気が散っては困るわけですね。一生懸命に逃げているわけですから。追っかけている動物のもとに注意を払う。自分がどう逃げているかに注意を払う。〜必死になって逃げている時に、何がそこらへんにあろうと、ほとんど気がつかない。要するに、自分がうまいこと逃げることだけしか考えていない。そういう注意の集中というものがおこって、非常に強い感情でもって極端な集中がおこる。それを私は、「今ここ現象」と呼んでいます。」

『学問の英知に学ぶ　第四巻』「四十七章　感情の合理的考察」【ヌース出版】

高校時代の私は通学時、毎日のように駐輪場から校門までの長い急な坂道をダッシュしていました。今もそうですが、私は夜型人間で朝が弱かったので、毎日ギリギリまで寝ていました。その為に、始業時間の直前で教室に駆け込むことになっていたのです。そのお陰で足腰が鍛えられましたが、始業時間までに教室にいなければ遅刻扱いにされる、遅刻常習者という烙印を押されるのが嫌でした。高校時代の学業成績では劣等生でしたが、真面目さだけは優等生レベルだった私には「今ここ現象」が働いていたのだと思います。

自分史の原稿の場合は、自ら自分を追い込む工夫が必要になります。そこで私は今年の年賀状に「本年は、私の人生初の著書を発行します。」と印刷して、今までお世話になった先生・友人・知人・仕事関係の人々全員に送りました。この告知によって、荒い文章にはなりましたが、非常に強い感情で極端な集中が出来、今年の一〇月以降はかなりのスピードで書き進めることが出来ました。

読ませる人を想定する

ゴールを決めた後は、配布する人・読ませる人を想定します。商業出版の本なら読者対象を決める様なものです。この本の読者対象は日本全国の五〇代以上の男女ですが、例え一〇人にしか配布しない自分史だとしても、そんな人たちを常に意識し、そんな人たちに語りかけるように文章を書いていけばいいのです。十人十色だとすれば、最も読んでもらいたい人に対して書くのもいいでしょう。目に入れても痛くない孫に最も読んでもらいたいなら、その孫の写真を机の上に置いて話して聞かせるように自分史を書くのもいいでしょう。

回想に役立つものを引っ張り出す

次に、押入れの奥に仕舞い込まれた古いアルバム等、全ての写真・文集・手紙・年賀状など回想に役立つもの全てを引っ張り出して下さい。そして、大まかな時代別に分けます。

1　生まれる前〜幼少期（両親の新婚時代の写真もここに入れます）
2　小学生時代
3　中学生時代〜高校生時代（浪人時代）
4　大学生時代（短大・専門学校生時代）または社会人
5　人生の転機以降（結婚・転職・脱サラ・会社設立）等々

内容のボリュームによって1と2が一緒でもいいですし、中学生時代・高校生時代・社会人といった分け方もあるでしょう。各自の人生を時系列に大まかに分けるだけでいいのです。

そして、大きな封筒（B５判以上）に時代分けした番号をふり、写真はこの封筒の中に入れていきます。あまり考えずに、直感で選び、大雑把に、ドンドン作業を進めていきます。文章と同じように、後で整理し入れ替える（修正する）ことを前提に進めていって下さい。

出会いを時系列に書き出す

人との出会いが私の人生をつくった、と言っても過言ではありません。写真を整理したことで、過去の記憶がかなり蘇ってきたと思いますので、ここからはその記憶をもとに、出会いを時系列に、多少の間違いは気にせずに書き出して下さい。

持って生まれた性格は人それぞれで、社交的な人もいるでしょうし、引きこもりがちな人もいるでしょう。ですから、出会った対象は人間だけとは限りません。犬かもしれないし猫かもしれない。物かもしれないし本かもしれない。それを書き出していけばいいのです。お世話になった人、貴方に影響を与えた人・モノ・ペット、人生を左右した本との出会いがあるかもしれません。対象が何であろうと、貴方の心に深く残っているのであれば、それでいいのです。

これも、先ほど分けた時代別に書き出していきます。私の例でいけば次のような書き出し方になります。

1　父　母　祖母

2　シロ　モーターボート　鉄の下駄　松村先生　川岡

3　正兼のオイサン　ルパン三世　坂本先生　広兼先生　山田　佐々本　河本　前田　有安
4　城石先生　香西先生　平尾先生　安部先生　濱田さん　森永　横山　豊川
5　出版社の会長・社長・菅原さん　岡野先生　山中さん　加来先生　鷲田先生

ほんの一部ですが、例としてはこんな感じに、A4用紙一枚に書き出していきます。記憶は芋づる式に蘇ってきますので、その都度、書き加えていけばいいのです。

印象深いエピソードを箇条書きにし、見出しを付ける

次に、常に携帯出来る小さなノートとシャープペンシルを用意して下さい。そして脳裏に焼き付いた印象深いエピソードを書き出します。重要な出会いのエピソードに抜けが出ないように、先ほどの出会いを書き出したA4用紙を部屋の壁に貼っておくのもいいでしょう。

意外な時に過去の思い出は蘇ってきます。その時、すぐにメモしないと忘れてしまいます。朝の筋トレ時、歯を磨いている時、トイレの中、通勤中、運転中、犬の散歩中、入浴中、就寝前等など。ベッドの上で仰向けになっている状態でメモしていると、ボールペンは書けなくなるのでシャープペンシルの方がいいのです。スマホのメモアプリを併用するのもお勧めです。入力スピードにかなりの個人差が出てきますので、ノート一択でも全く構いません。

これも書き出していくうちに、芋づる式に出てくるようになります。書き出したその時ではなくて、数時間後、または翌日、数日後、ふとした瞬間に思い出すことがあります。その都度メモして、エピソードの数を増やしていきましょう。貴方がつまらないと思うことでも、子供や孫にとっては重要かもしれません。後でいくらでも削除出来ますので、思い出したことをドンドンと書き出していきましょう。話に膨らみが出ないような内容でもいいのです。重要なエピソードの枝葉になってくるかもしれません。実際に文章を書き始めると、そういった枝葉が活用出来る様になってくるかもしれません。

ここからはパソコンでの入力をお勧めします。パソコンなら時系列が間違っていても簡単にコピペで修正が出来ます。まずは、先ほど分けた時代別に、印象深いエピソードを箇条書きにキーボードで入力していきます。そして、そのエピソードに見出しを付けていきます。気が向いた時でいいので、パソコンに必ずメモした文字を見出しの内容別に転記するようにして下さい。この繰り返しが自分史づくりを始める人の地道な日常的な作業になるのです。

魂の救済の為に書く

さて、いよいよここから、机に座って自分史の原稿をパソコンに書き（入力し）始めます。これが物書きとしての第一歩になるかもしれません。しかし、誤解を恐れずに、表現にこだわらずに、うまい文章で書こうとせずに、後で自分が読んで分かる程度の雑な文章で書く気持ちで進めて下さい。パソコン上の文章は、何度でも書き直していくことが出来ますし、うまい文章を書こうとすると、いつまで経っても前に進みません。ツッコミどころ満載で結構です。推敲を何度も繰り返して、やっとまともな文章になっていくと思って下さい。

どう書くか分からないという人もいるかも知れません。見出しを付けたエピソードの情景を貴方が伝えたい人に向けて説明する、話して聞かせる様に書けばいいのです。例えば、飲み屋で後輩に昔話を喋るように書く。架空の人物を想定して書いていけばいいと思います。苦労したこと、騙されたこと、悔しかったこと、後悔していること、誤解されたこと、失敗したこと、恥ずかしかったこと等などを書いていけば魂の救済にもなります。もちろん自慢話を書いてもいいのですが、自慢話だけ書くと、例え後輩でも身内でも嫌になります。失敗や恥を隠さず書けば、仮に出来の悪い後輩や子供や孫だとしても「俺でも出来る」と、やる気と希望を与えることにもなるでしょう。

ばんばひろふみの『ＳＡＣＨＩＫＯ』というヒット曲に次のような詩があります。

幸せを　話したら　５分あれば足りる
不幸せ　話したら　一晩でも足りない

一晩中話すことがあれば、充分に一冊の本になります。黒歴史や人生の谷の時期、不幸だった頃の思い出を書けば、貴方自身の付き物が取れる効果もあります。全てを吐き出すと精神的にも身軽になれます。思い切って秘密にしていたことを書いてもいいのではないでしょうか。第三部を参考にして書いて頂ければ幸いです。

時系列順に書く必要はなく、まずは書きやすいところから書くことです。その部分を書き終えたら、少し書き慣れている筈です。今度は、その次に書きやすいところ、書きたいところを書く。この繰り返しは螺旋階段を登る様なもので、気が付いたら眺めが良くなっていて、文字数も増えていて自信につながるのです。

文章力というのは人それぞれ千差万別で、一ヶ月で出来る人がいるかもしれませんし、二年三年とかかる人がいるかもしれません。死ぬまでに思い残すことのないような完璧な自分史を一冊残したいという強い思い入れがある人であれば、時間の許す限りじっくりと完成させればいいかもしれません。自分史はある程度の段階までいけば、つくっている過程が楽しくなります。その過程を何年も続けることも自分史なら許されることなのです。

ただ、本書には第二部があり、自分史を超えたものにすることを勧めることが主な趣旨になっていますので、出来れば先ほど書いたゴールを定めて、その先に拡がっている幸福を求めて頂きたいのです。

インタビュー形式で自分史にする

文章を書き慣れるまでには、それなりの日数を要します。筋トレと同様に、上達を実感出来るまでに数十日かかるかもしれません。筋肉には遺伝的な要素が関係していると思われますが、文才にも持って生まれた素質のようなものの影響があるかもしれません。頭のいい大学教授の中でも、論文がスラスラ書ける人と、苦労しないと書けない人がいらっしゃるようです。

学者の論文と一緒にするな、と言われるかもしれませんが、著名人を例にすれば分かりやすいかもしれませんね。私は中田敦彦氏のユーチューブを偶に見るのですが、人を惹きつけるトーク能力は優れていると感心しています。そんな彼が以前に文章を書くのは苦手だと語っていました。本を出したいが、文章を書くのが大変だから、自分が喋ったことを優秀なライターに文章にまとめてもらって本にするか、といった趣旨の話をしていました。思わず彼にインタビュー依頼書を書こうかという衝動に駆られた瞬間がありました。

文章を書かずに、原稿を書かずに自分史をつくる方法とは、インタビュー形式で自分史をつくることです。忙しくて原稿を書いている暇がないという人でも、九〇分程度のインタビューを三回行えば、中田敦彦氏程度のスピードで話してくれると六万字位の文字数になります。そうすれば、写真などで頁数をかせぎ、背表紙のある一冊の自分史に仕上がります。

実は、弊社発行の『学問の英知に学ぶ』〈第一巻〜第六巻〉（ロゴスドン編集部編）は、インタビュー形式でつくった本なのです。『ロゴスドン』という紙媒体の雑誌の特集インタビューで毎号、著名な学者にインタビューをして、その録音を原稿にまとめて雑誌に掲載していました。『ロゴスドン』の特集インタビュー記事を書籍に収載して第六巻まで発行しました。

当書の内容紹介文は「真理を追究し、学問の発展のために尽力されてこられた大学教授や名誉教授が、各専門の分野から現代社会の病弊に対する処方箋を提供。日本最高峰の学識が易しい表現で談話調に語られる、学問の英知に満ちた珠玉のインタビュー集」です。この書籍は高く評価され、特に丸善株式会社の学術情報ナビゲーション事業部（第一巻発行当時）の栗盛氏は「この本は岩波講座にも引けを取らない」とまで言って下さいました。栗盛氏のお陰で丸善を介して大学の図書館から多くのご注文を頂きました。

『久保田淳座談集　暁の明星』【笠間書院】に収載された「日本人の美意識」も、私が『ロゴスドン』の特集で久保田淳先生にインタビューした記事です。更に言えば、芸能人の「海外の追想」も、大学生の「スポーツにかける青春哲学」も、「職業人のいきがい探求」も、インタビューをして原稿にまとめたものです。このように、インタビューをして話を引き出し、録音したものを原稿にまとめれば、苦労して原稿を書かなくても自分史が出来るのです。

写真と説明文だけの自分史

文章は書きたくないが、それ以上に話すことが苦手だという人もいらっしゃるでしょう。人に話をすること自体が苦痛だという人でも、子供や可愛い孫に対して昔の写真を見せながら、その写真について話すことは出来る筈です。その話し言葉を文字にして、写真のキャプション（説明文）にするだけでも自分史をつくることが出来るのです。因みに、『ロゴスドン』で第三一回（紙媒体は第一回〜第二四回）まで続いた「フォト・サロン」は、写真と説明文だけで成り立っています。これもいずれは本にすることを予定しています。

これに関しては、最低でも内容の違う九〇枚以上の写真が必要になります。扉・目次・奥付などで数ページを稼いで何とか百頁までもっていかないと背表紙のある本になりにくいからです。せっかく本にするのですから、思い出深い写真、素敵な写真、色々と説明したくなる様な写真であるべきです。幼い頃の写真は記憶を取り戻すきっかけになります。その写真について話したくなります。それをそのまま文字にするだけでいいのです。まずは写真に大きい付箋を貼り、そこに説明を書き込んでいって下さい。

「はじめに」でも触れましたが、第三部の第四話「支離滅裂な大学生活」は、写真と説明文だけでつくる自分史のサンプルにしていますので、参考にして頂ければと思います。

どんな本にするのか？

自分史は一般的に自費で印刷・製本して流通させずに自分で決めた冊数を配布する本ですから、どんな見た目（装丁）にするのも自由です。お金に余裕のある方ならハードカバーにするのもいいでしょうし、写真を全てカラーにすることも自由に出来ます。貴方の懐次第で見た目は変わっていきます。ネットで自費出版と検索すれば様々な出版社や印刷会社が出てきますので、数社に要望を伝えて見積もりを取るのもいいでしょう。

私は出版社の社長を三〇年もやってきましたので、複数の印刷会社と取引をしてきました。印刷料金というのは会社によって驚くほど変わってきますので、見積書を出してもらうことが必要だと思います。印刷会社の人に直接会って、こんな装丁にしたいという見本になる本を見せるといいでしょう。その際に、冊数とページ数、パソコンで文章を書いた人なら文字データがあることも伝えて下さい。印刷会社によっては写真の枚数で料金が変わるかもしれませんので、それも伝えた方がいいでしょう。見積書を見て、意味が分からない用語があったら納得いくまで質問して下さい。紙代、印刷代、製本代の他に、どんな費用が入っているのか、それは自分の作業として出来ることなのか、貴方次第で印刷料金はかなり変わってくる筈です。

弊社では、約七年前から仕事の流れが大きく変わってきました。当時、すでに出版業界はD

TP（卓上出版）の普及率が高くなっていて、弊社でも完全に自社のパソコンによるデジタル編集手法に移行していました。これは印刷業界用に開発されたコンピュータ組版、電子製版などとはルーツの異なるものです。編集部の机の上に置かれたパソコン一台で出来る出版であり、印刷費用も以前よりは安くなっていました。しかしそれでも、商業出版である以上、ある意味で投機的な要素がありますので、判断を誤れば印刷・製本費用は経営を圧迫してしまいます。

ちょうどその頃、オンデマンド印刷による出版セミナーが書籍出版協会の主催で東京の神田神保町で開催されることを知りました。何となく気になって、時間を工面して参加してみました。すると書籍の内容をデジタル・データで保存し、注文に応じて一冊から印刷・製本出来るシステムということが分かりました。初版分をまとめて支払う必要が無くなり、在庫リスクや保管費用も無くなり、経営不振に苦しんでいた私に確かな希望の光が差してきました。

既刊の『哲学カフェ傑作選　第1集』（ロゴスドン編集部　編）はDTPで制作しましたので、まずはそのデータで試してみました。すると、オフセット印刷で制作したものと同等の質で仕上がってきたことに感動しました。もちろん、一冊あたりの印刷単価は高くなりますが、印刷会社にまとめて支払いをして、いつまでも在庫を抱えるといった苦しみと比べると雲泥の差がありました。大きく儲けることは出来ませんが、堅実な経営は出来ると確信しました。

現在では、オンデマンド印刷という言葉はわりと聞かれる様になってきたのではないでしょうか。おそらくオンデマンド印刷機を所有する印刷会社が増えてきたからでしょう。因みに、アマゾンと三省堂書店は、このオンデマンド印刷機を所有し、デジタルデータのある本は受注後に印刷・製本して販売しています。

大日本印刷でもオンデマンド印刷機を所有し、hontoというハイブリッド型書店を介して販売しています。弊社が取引しているオンデマンド版の仲介業者も大日本印刷が所有する印刷機を使っています。ですから、七年前から弊社の新刊本は（アマゾンと三省堂書店以外）全て大日本印刷のオンデマンド印刷機で印刷・製本された本になります。hontoで購入される場合、一定額以下だと送料がかかりますが、弊社では取次（地方・小出版流通センター）経由で全国の書店に流通させてもらっていますので、最寄りの書店に（地方小扱いの本と伝えて）注文して頂ければ、どんな品質の本なのかをご確認頂くことが出来ます。

どんな本にするのか？　という質問に対して迷われているのでしたら、今年（二〇二三年）の一〇月一二日に私が創業したフォルトゥーナ書房（https://ameblo.jp/fortunesyobou）で自分史制作をされては如何でしょうか。ヌース出版では自費出版はしませんが、フォルトゥーナ書房とは協力しながら運営して参ります。ヌース出版発行のオンデマンド本と同じ印刷・製本の品質で貴方の自分史を制作させて頂きます。

第二部　超自分史のススメ

幸福感に満ちた生活

自分史は終活の一環だと思っている方は多いかもしれません。そういった側面もあり、家族や身内に向けての遺言的な役割を期待してつくる自分史もあるようです。そんな自分史が完成し、思い残すことが無くなったという安心感も大事です。しかし、自分史をつくったことで、これからの人生を楽しみたいと思う自分にも気付く筈です。マイナス思考だった貴方なら、ポジティブな自分を感じ始めています。自分の過ちを懺悔し、忘れていた感謝の心を取り戻し、素直な自分になっています。これからの人生を前向きに捉えることが出来るようにもなっています。残りの人生を幸福にする為に、自分史を超自分史に出来るのは貴方の心次第なのです。

松下幸之助さんは次のような言葉を残されました。

感謝の心が高まれば高まるほど、それに正比例して幸福感が高まっていく。つまり、幸福の安全弁とも言えるものが感謝の心とも言えるわけです。

『松下幸之助「一日一話」』（ＰＨＰ総合研究所　編）【ＰＨＰ文庫】

例え原稿を書かずに自分史をつくったとしても、感謝の心を持ち続ければ超自分史になります。かけがえのない自分の残りの人生を、幸福感に満ちた充実したものにして下さい。

物書きの様な生活を楽しむ

さて、ここからは、自分で原稿を書いた人向けの超自分史のススメとなります。書き終えた時の達成感と、それに伴う自信と書き慣れた貴方の文章力は、書き始める前とは雲泥の差となっています。自分史を書く作業は脳トレの様なものです。例え自我流でも筋トレをすれば筋肉は付きます。脳トレも同様で個性的な脳力が付き、貴方独自の文体・文章力となって定着している筈です。

これから先は、身に付けた文章力を低下させないように、日記だけでもいいので文章を書き続けて頂きたい。出来れば貴方が書いた自分史で生まれたテーマを深掘りし、ノンフィクション・小説・エッセイ・紀行文・人生論・人生訓・研究論文等の本に出来るような原稿に発展させて頂きたい。残りの人生では、読むこと・考えること・書くこと・調べること、推敲することを中心とした物書きの様な生活を楽しんで頂きたい。そして、出来れば文学賞作家や研究者を目指して頂きたいと思います。

鷲田小彌太先生の『社会人から大学教授になる方法』（ＰＨＰ新書）は、研究者を目指す方にお勧めしたい本です。本書は次のように紹介されています。

定年後や第二の人生で、大学教員になれたら、と密かに願っている人は多い。同時に、大学も企業で培われた専門知識や技術を求めている。しかし、誰もがなれるわけではない。待遇も非常勤講師から客員教授まで様々。それに、成果主義の時代、大学教員の仕事も、それほど甘くはない！？　本書では、社会人経験者が大学に職を得ることの意義とノウハウを紹介。

定年後に知的な生活を楽しみたい方への実践的な案内になっています。社会で得た知識や技術を大学で教えることが出来なくても、研究成果や研究論文を本にして頒布することは、これからの高齢社会に必要とされる生き方なのではないでしょうか。

五〇歳を過ぎると、体力やスピードでは勝負になりません。身体能力では若い頃の自分には勝てないのです。しかし、長年培われた専門知識や知恵や経験値なら優っています。そういったものは文章には反映されます。もちろん、講義などでの話し言葉にも反映されますが、記憶力やスピードが肝要な討論会やトーク番組やクイズ番組などでは若さに引けを取ります。じっくり考え、自分のペースで臨むことが出来る物書きのような日常こそ、人生の後半戦で選ぶべき土俵・生き方だと考えています。

私はこれまでに何度も小説を書こうとして挫折してきました。二〇代の頃、小説家になりたいと思って六本木のライターズスクールに通い、西条道彦先生に小説の指導をして頂いていました。『ロゴスドン』第二号〜第一七号まで掲載した「作家・西条道彦による『小説家の卵』紹介コーナーは、そのご縁で出来たものです。出版業界に入ると半端ない忙しさで小説を書く時間が取れず、会社を設立してからは更に忙しくなり、結局、一作も書けずにこの歳になってしまいました。

当時通っていたライターズスクールで、小説家になりたい人が多いことにも驚いた記憶があります。バブルの時代でしたから、東京では夢を追う人が多かったのでしょう。西条先生は六本木だけでなく、池袋のコミュニティーカレッジや渋谷の東急セミナーでも講座を持たれていました。これらのゼミから清水曙美さんや、江戸川乱歩賞作家の薬丸岳さんなど数十人の脚本家・作家を育ててこられました。

五十嵐裕治氏の『即上達！　６０歳からの小説の書き方　全極意』《コスモ２１》の「まえがき」に次のように記されています。

　本書では、おもに６０歳以上の人を対象に、小説の書き方の極意を分かりやすく解説します。これから小説を書いてみようと考えている人、すでに何作か書いてみたけどどうも納得がいかないという人、公募賞に応募したけれど一次選考も通らなくてがっかりした経験がある人、などなど、趣味で創作をしてみたい人のみならず、作家になることを具体的に夢見ている人は、ぜひご一読ください。必ず役立ちます。

自分史という幹を書き終えた後は魅力的な枝葉を付ける作業に着手し、物書きや研究者になった自分を思い描き、定年後も活き活きとした日々を送って頂きたい。黒田夏子さんは七五歳で芥川賞を受賞しました。藤崎和男さんは七四歳で群像新人文学賞優秀賞を受賞されました。公募賞が取れなくても、そんな夢を持ち続ければ文章を書くことが習慣となり、残りの人生を知的で充実したものに出来る筈です。

物書き・作家・小説家になりたいと今までの人生で思ったことがあるけれど、どうしても書けなかった人は意外と多いのではないでしょうか。心にはモヤモヤしたものが燻っていたが、いつの間にか忘れてしまった人たちも多いでしょう。忙しさにかまけて、青春時代に憧れた物書きの生活からかけ離れてしまった貴方は、文章を書くこと自体に殆ど時間を使わなくなってしまった。しかし、「自分史」を書き上げた貴方は、そんな過去の自分では無くなっています。真摯に自分の生き方が反省出来て、生き方を変えようと努め、時間の使い方を変えようとして、本を読んで、考えて、書いて、調べて、推敲する生活を続けることが出来るという自信が身に付いています。自分史という種から芽が出て、いつかは大輪の花が咲くことを夢見て生き続けることが出来ます。私は、幸福とは夢を持ち続けて生きることだと考えています。

　自分史を書いていると自分が書きたいテーマ、興味のあるテーマが湧いてきたと思います。散歩をしている時も、家事をしている時も、入浴中にも、食事をしている時にも、テーマがあれば閃きは突然やってきます。人との待ち合わせのちょっとした空き時間にも、意外な閃きがやってきます。空想に遊ぶ時間も増えていくでしょう。テーマが決まっていれば寝ている間も潜在意識の中で無意識に模索しているのではないかとすら思えることもあります。目が覚めた時に、思わぬ回答が閃くことがあるからです。もっと書きたいという欲求が強くなればなるほど、貴方は活き活きとしてきます。読書においても、貴方の問題意識に沿った身になる本選びに変わってくるのではないでしょうか。

　私の母方の祖父の弟である竹森猛さん（俳号・雅山）は、九九歳で『句集　山桜』（ヌース出版発行）を出しました。六四歳から俳句を始め、三五年後に句集として商業出版されたのです。私は現在六三歳ですが、猛さんのことを考えると人生の中間地点くらいにいると思え、これから第二の人生が始まると感じることが出来るのです。その思いが強くなったのも、私自身の自分史を書いたからです。

　自分史に書き切れなかった黒歴史や身内の恥等は小説にすることが出来ます。自分の経験、失敗、学んだことを人生論・人生訓にして、生き方を次世代に伝えるのもいいでしょう。社会人として仕事で身につけたノウハウを文章にまとめてシェアすれば世の為、人の為にもなると思います。自分史を書くことで見出した貴方にとっての重要なテーマを後半の人生で深掘りしていき、是非、この先も書き続けて下さい。

商業出版で超自分史にする

第一部で、自分史は流通させない本だと書きました。しかし、内容によっては、自分史を流通させることが世の中の為になるかもしれません。貴方の自分史に書かれた経験や知見を求めている人がいるかもしれません。貴方が苦労して書いた自分史が人の役に立つとしたら、それは超自分史になります。

自分史のコーナーを設けている書店があると聞いたことがあります。出版社の自費出版事業で自分史をつくった場合、ある程度の費用を支払えば書籍コードを付けて書店等に流通出来ることを売りにしているホームページも見かけます。そんな会社に見積りを取ってもいいかもしれません。第一部の最後に紹介したフォルトゥーナ書房で自分史をつくった方限定にはなりますが、巻末に「ヌース自分史選書」の募集要項を掲載していますので、超自分史にする為の商業出版にチャレンジされては如何でしょうか。

自分史も自伝も評伝も伝記もノンフィクションです。事実が書かれていると読者は思って読んでいます。ですから、暴露本に変貌する可能性はあります。「超自分史」は暴露本の真反対に位置するものです。今までの人生でお世話になった方々のご恩を顕在化させることが最大の目的です。それによって、忘れていた感謝の心を目覚めさせ、残りの人生を感謝しながら生きていく為の自分史です。

誰にでも恨みや憎しみはあるでしょう。アイツさえいなければ、という負の感情がない人の方が少ないかもしれません。そういった思いは自分史ではなく、小説等にぶつけて頂きたい。フィクションとして書くのであれば何の問題もありません。そんな恨みや憎しみが文芸の原動力になることがあるかもしれません。

私がヌース出版を創業した頃は、書店は全国に約二万店あると聞いた記憶があります。あれから三〇年経って半減したとされていますから、約一万の書店が日本全国にあることになりそうです。例え一万店に減ったとしても、一万冊売れる本はごく僅かですから、殆どの本が全国の書店に並ぶことはありません。初版五千部発行したとしても、中型規模以上の書店に一冊ずつ配布され、大量の本が並ぶ棚に差し込まれるだけです。しかも、大半は売れずに返本されてくる。その一冊を手に取ってペラペラめくるお客さんがいればまだいい方です。

今のようなインターネットやＳＮＳの時代にあって、貴方が書いた本のことを他人が知るきっかけは、書店の棚に差し込まれた一冊の背表紙である確率は低くなっているのではないでしょうか。書店に平積みされているような本は直ぐに目に付きますが、大量に売れると出版社が確信して勝負に出たごく限られた本です。そんな本でも、大量の返本をくらい落胆する出版社は多いと思いますが・・・？

大多数の本は、ネットやSNS、またはマスコミの広告等で知ることの方が圧倒的に多いでしょう。そう考えると、貴方の書いた本が書店に一冊だけ置かれていることのメリットはそんなに大きいでしょうか？　自分の子が可愛いのと同様に、苦労して書いた自分の本は可愛いものです。出版不況と言われ続けていますが、あまり売れないにも関わらず、出版点数だけは多いようです。読書人口は減っても、物書き願望のある人は多いということになります。そこに出版プロデューサーという肩書きの人の入り込む余地が出てくるのでしょう。

出版業界にも隙間産業のような行き方はあります。大量に売れる著者を探し求めるよりも、確実に三〇〇部は売れる著者を探す出版社はあると考えています。これは第一部でも書きましたが、オンデマンド出版が普及してきたからというのもありますが、弊社のように地方・小出版流通センター（通称・チホウショウ）という取次と契約している出版社が有利に運営出来る時代になってきたと考えています。書店に委託配布せず、注文制で日本全国の書店で取寄せ購入が出来るシステムを保持しつつ、オンデマンドのネット販売を並行して行う。この流通のやり方なら返本リスクは取次（地方小）への納品分だけで済みますので三〇〇部売れれば赤字は出ません。つまり、学術書でも、専門書でも、難解な哲学の本でも、あまり関心を持たれない分野の本でも、商業出版の壁はそれほど高くはなりません。商業出版を目指すことで、物書きのような生活が楽しみから使命感に変わってくるかもしれませんが、それ以上の喜びが得られるステージに行けることは確かだと思います。

第三部

思い込みと失敗と挫折を繰返して社長になった

第一話　宮本自動車整備工場の後継者

嫁して三年　子なきは去る

私は、父（昭和四年一〇月一二日生まれ）と母（昭和六年一二月九日生まれ）の長男として、山口県岩国市に昭和三五年六月一四日に生まれました。浩宮様ご誕生の約四ヶ月後に生まれたことで、祖母が、浩宮様の「浩」と明仁様の「明」を取って「明浩」という名前にしたそうです。当時の日本人の多くがそうだったかもしれませんが、明治生まれの祖母は天皇家が大好きでした。特に、祖母の実の弟が近衛兵だったこともあり、天皇家に対して特別な思いがあったのでしょう。弟が最大の自慢だったようで、何度も近衛兵だったという話を聞かされました。

明治生まれの祖母はきつい性格の女性で、夫（私の祖父）が四〇歳の頃に亡くなってから、息子（私の父）一人と娘三人の子供四人を一人で育てました。

私の父は岩国工業高校の野球部でピッチャーをやっていたそうです。野球部で練習をしている最中に、「農作業を手伝え」と、何度も母（私の祖母）が高校の野球場まで呼びに来ていたそうです。祖母にとっては、高校の授業が終わった後のクラブ活動なんてどうでもいい遊びにすぎず、生活の糧になる農作業をやって宮本家を支えろ、ということだったのでしょう。

工業高校の機械科を卒業した父は自動車の修理工になり、母と結婚した数年後にトラックの修理を主にやる宮本自動車整備工場を設立しました。工場では父は皆に「社長さん」と呼ばれていました。父は口数の少ない職人気質の男で、経営者になった後も修理工として従業員の誰よりも夜遅くまで修理の仕事をしていたそうです。

私の母は大百姓の娘で、八人兄妹の上から四番目の世話好きな娘だったそうです。父親が長男で、一番下の弟（猛さん）が大正一一年二月生まれ。母にとっては叔父になりますが、幼少の頃は同じ家で暮らしていました。猛さんは飛び抜けて勉強が出来て中学校を飛び級で卒業し、陸軍士官学校に合格して終戦まで陸軍将校として活躍されていました。母の自慢の叔父さんで、結婚式にも参列してくれたそうです。

母は女学校に進学し、卒業後は洋裁師として働いていました。父と同様に職人として生きていたのです。そして、父と母は見合いで結婚しました。

私は両親が結婚してからなかなか生まれなかった為に、母は祖母から「三年子なきは去る」という嫌味を何度も言われたそうです。宮本家の跡継ぎ（私）がやっと生まれたことで祖母は大いに喜びました。私があまりにも祖母に過保護に育てられた為にバカ息子になったと、今でも母は言っています。

父の熱心な仕事ぶりは多くの人々から評価を得て、信用が高まっていき、毎年々、売り上げ

新婚の頃の父（錦帯橋の下で）

父と母と私でドライブ

私の記念撮影

父と私と飼い犬（この犬の記憶なし）

父と私で海水浴

が二倍二倍と伸びて行ったそうです。整備工場を始めた頃は従業員が二人だったのが、最後の頃は一五人位にまで増えました。大阪万博にマイクロバスを借りて従業員の慰安旅行に私もついて行ったことを覚えています。あの頃は飛ぶ鳥を落とす様な勢いがあり、面白いほど儲かった、と母が全盛期を懐かしむ様に今でも語っています。母が経理をやっていましたので、どれだけ儲かったかは母が一番よく知っていたのです。

私が生まれた二年後には弟が生まれました。祖母は男だったことが気に入らなかったそうです。母は三人目が欲しかったけれど、「三人目が男だったら宮本家は廃れる」と、祖母に生ませてもらえなかった。この地域では大きめな地主だった宮本家は財産分与で小さくなるというのが理由だったようです。母は今でも娘が欲しかった、三人目が娘だったらという愚痴を言っています。姑の権力がこんなにも大きかったというのは今の時代からは想像し難いことかも知れません。

私がごく幼少の頃の記憶として残っていることがあります。それは、家の庭に出てしばらく空を見上げて、「この世に生まれて死んで、また生まれて死んで、また生まれて死んでという ことをいつまで繰り返すのだろうか」といったことを漠然と考え、途方もない陰鬱な気分に陥っている自分の情景です。この記憶に何か哲学と関係した運命的・因縁的な意味があるのかどうかは分かりません。しかし、その後は、哲学とは全くかけ離れた環境に育った為に、せめてこの記憶だけは提示しておきたいのです。

小学生の頃に父とキャッチボールをした体感が今もはっきりと残っています。「胸の前にグローブを構えろ。そのまま絶対に動くな！」と父に言われ、その状態で固まっていると、ものすごいスピードで軟式のボールが私のミットにズドーンと入って来ました。小学生の私だから速く感じたのかも知れませんが、感動して父を尊敬したことを覚えています。

学校の勉強が苦手な子に育つ

母の為に、父は盆正月の年に二回、必ず家族を車で旅行に連れて行きました。家族といっても両親と子供二人の四人です。祖母だけは、嫁いで行った三人の娘家族が盆正月に里帰りして来るので旅行には行きませんでした。母にとって、盆正月の年に二回の旅行が生き甲斐の様なものになっていました。

私にも、旅行の記憶が多少は残っています。ホテルに着いたらすぐに、ゲームコーナーへ直行していました。車で行ける国内旅行ではありますが、東京へ行ったこともあり、東京タワーを模した置物のお土産を親友に買って帰った記憶があります。当時は、盆正月に必ず旅行に行くという家庭は少なかったと思います。小学生の頃、夏休み明けと冬休み明けに、学校で友達に旅行の話をすると羨ましがられていました。

私は小学校を卒業するまでは、岩国市内では裕福な家庭の子供としてのびのびと育ちました。父が経営する整備工場が儲かっていたことに加え、祖父が建てた四軒（五軒建てたのですが祖父の死後、一軒は祖母が売却）の貸家からの家賃収入もありました。

父が経営する整備工場の事務所や工員さんの寮が小学生の頃の私の遊び場の一つになっていました。工場へ行けば色んな人がいるし、母が事務所を取り仕切っていたし、若い女性の事務員さんもいました。宮本自動車整備工場の後継者として皆が可愛がってくれました。

夜間高校に通う若い工員さんが住んでいた寮の部屋は、いつも鍵がかかっていませんでした。その部屋に忍んで入るのが、小学生の私にとってはちょっとした冒険でした。見つかったら怒られるのではないか、という思いもあってスリルを感じていました。一〇代後半の年上の不良っぽい工員さんたちの部屋は小学生にとって魅力に溢れていたのです。楽しいことはいくらでもあり、両親は仕事で忙しいけれど、仕事場が私の遊び場にもなっていたので、本当に恵まれた子供時代でした。しかし、それがかえって、本を全く読まない子供になってしまうという、哲学にとっては最悪の環境だったのかもしれません。本を読んで想像して楽しむよりも、歩いて行ける範囲、自転車で行ける範囲に現実に楽しいことが溢れていた。しかも、テレビが大好きで、それを咎める両親でもなかった。どうせこの子は宮本自動車整備工場を継ぐ長男息子という思いがあったのでしょう。食べたいだけ食べ、遊びたいだけ遊び、全く学校の勉強が出来

宮本自動車整備工場の外観

父の愛車・デボネアをバックに記念撮影（向かって右が私）

祖母と飼い犬・シロ

ない小学生時代でした。体だけはすくすくと育ち、小学校の六年間はかなり背が高い子供でした。

後継者と決まっていても、あまりにも学校の勉強が出来なかったので、母は心配するようになりました。父は私を岩国工業高校に入れるつもりでいましたが、このままいけば、それも難しくなるのではないかという母の説得から父も多少は心配するようになりました。それで、小学五年生から私は桝井くんの家の一室で行われていた学習塾に通わされるようになりました。同級生の桝井くんのお姉さんがとても美人で私の憧れの人でした。学習塾でチラッと姿が見えることがあり、それが楽しみで通ったことを覚えています。しかし、勉強の方はあまり効果が上がりませんでした。

工員さんの作業着を着てお手伝い

小学校高学年の頃だったと思いますが、工員さんのつなぎの作業着を着て、父が経営する工場で手伝いをした記憶が鮮明に残っています。背の高い小学生でしたので、大人用の作業着でも何とか様になっていたようです。従業員の人たちに、「おっ、二代目社長！」といったような言葉を微笑みながら何度もかけてもらいました。その頃の私には子供ながら、父の後を継ぐという使命感も芽生えていて、満更でもない気分に浸っていました。

父は、そんな私を見て笑いながら、仕事を指示しました。それは、トラックの下に潜って、鉄のボルトの頭に黄色いペンキを塗る作業でした。父に仕事を任され、私は本当に嬉しく、一生懸命にやりました。ペンキが入った丸い缶に筆を入れてはボルトの頭を塗る、という単純作業が楽しくて仕方がなかったのです。そうして作業をしている途中でも、工員さんたちが、「頑張っとるの～！」と声をかけてくれました。

ところが一時間もしないうちに、集中力が無くなって来たからでしょうか？　ペンキの缶をひっくり返してしまったのです。工場の一面がペンキで黄色く染まりました。自分のやってしまった大失敗を、隠したくても隠すことが出来ない状態に茫然としました。子供ながら、父の役に立っているという自負を持ってやっていた先程までの自分から、突如泣きたくなるほどの最悪な事態に陥ってしまった。あの時のショックは今でも、はっきりと心の片隅に染み付いています。

そんな私の様子を察してか、誰かが工場に隣接する事務所に連れて行ってくれました。誰一人として私の大失敗を口にする人はいませんでした。まるで何も無かったかのように、そんな失敗に気付かなかったかのように普段通りに仕事をされていました。回りの人たちの気遣いを子供ながら感じ取っていました。自分が情けなくなって、その事件以来、しばらくは工場へ遊びに行かなくなったように記憶しています。

父にビンタされ、飼い犬とプチ家出

父は殆ど私を叱りませんでした。叱るのは何時も母でした。しかし一度だけ、父にビンタされたことがあります。子供の頃に住んでいた家は、土間があって、そこに自転車を置いていました。小学四年生だったと思いますが、家に帰って玄関の引き戸を横着して自転車に乗ったまま、タイヤの先で無理やり開けようとしました。なかなか上手く開かなかったので力を入れてガタガタと音を立てながらこじ開けようとしたら、引き戸が外れて土間側に傾いていきました。ガラスで出来た引き戸だったので、アスファルトで出来た土間の地面に倒れたらガラスが割れてしまうと思いました。その瞬間に母が飛び出して来て、地面に着く数センチ手前で引き戸と地面の隙間に掌を差し込んでガラスが割れるのを防いだのです。「火事場の馬鹿力」ではなく、「火事場の俊敏さ」でした。

母の俊敏さに感心していたら、父がやって来て、私の頬を平手打ちしたのです。父に殴られた記憶はその時だけですが、自分が悪かったという気持ちもあり、痛さもあり、傷心した私は飼っていた犬（シロ）を連れてプチ家出をしました。夕方になっても帰る気になれなかったので、近所を犬と一緒に彷徨っていたら、祖母が探しに来てくれました。父も母も私のことを怒っていると子供ながら感じていました。日も暮れて腹ペコだったけれど、素直に謝ることが出来ない子供だったので、祖母が迎えに来てくれたことが本当に救いになりました。

中央が若い頃の魁傑関。最後列の向かって右から４番目が父

愛犬・シロとツーショット

町の柔道場（２列目が私で最後列中央が師匠）

自宅の庭で友達と

ソフトボール大会で負けた後の記念撮影

『柔道一直線』に感化され町の柔道場へ

本は全く読まず、テレビが大好きな少年だった私は、テレビの影響をモロに受けて育ちました。私が小学生の頃に、『柔道一直線』というアニメがテレビで放映され欠かさず観ていました。「車周作ってすごいな！　一条直也ってかっこいいな！　高原ミキって可愛いな！　僕も柔道をやりたい！」という思いが強くなっていきました。その頃、同じ小学校の同級生が町の柔道場に通っていることを知ったのです。私も習いたいと親に申し出ると、父が賛成してくれました。父は野球が一番好きでしたが、テレビでプロレスも好んでよく観ていました。その影響もあってか、男は体力的にも強くあるべきだという価値観はかなりあったようです。母は賛成しなかったのですが、柔道着は買ってくれました。

しかし、私がせがんだ鉄ゲタは買ってくれませんでした。町のスポーツ店に展示してあったので、何度も見に行くうちに欲しいという気持ちがドンドン高まっていきました。アニメの中で主人公が履いていた鉄ゲタ（鉄製の下駄）を私も履くことで、柔道が強くなるという思い込みがあったからです。小学生にとっては高額だったのですが、お年玉の貯金を引き出してもらい、自分のお金で買ったことを覚えています。これからは、この鉄ゲタを毎日履くのだ、小学校にも鉄ゲタで通うのだと張り切っていました。

スポーツ店で買った鉄ゲタを家に持ち帰り、しばらくは部屋に飾っていたように思います。そして、いよいよ、外に履いて出ようと意を決する日がやって来ました。当時の私が住んでいた家は蔵と接した農家用の古い家で、家の周りを一周すると結構な距離になりました。まずは試しに、鉄ゲタで家の周囲を回ろうと思いました。靴下を脱ぎ、鉄製の重たい下駄を玄関に持っていきました。鼻緒に足の指を突っ込むと、鉄のヒヤっとした冷たい感触で身が引き締まりました。柔道への第一歩を踏み出す自分に酔いしれていました。

玄関といっても土間になっていたので、引き戸までは数歩ありました。その引き戸を跨ぐまでに、「これは履き物としては重すぎる！」という現実に初めて気付きました。当時の私は暇さえあれば外で走り回る、じっとしていられない小学生でしたが、背は高くても筋肉質ではない体型でした。そんな子供にとって、鉄ゲタは重過ぎたのです。それでも、心の中は柔道一直線ですから、計画通り、家の周囲を歩き始めました。一歩一歩がキツかったけれど、前へ前へと進みました。

ちょうど半周位の所だったと思いますが、足の筋肉疲労は根性で何とかなっていましたが、足の指の鼻緒に接する部分に痛みを感じ始めました。歩を進める毎に、その痛みは増していきました。後もう少しで一周、もう少しで一周と、自分を鼓舞し、何とか家の玄関まで戻ってきました。激しい痛みを感じている足の指を見ると、皮がザックリと剥けていました。

その時以来、鉄ゲタは履かなくなりました。古い家で、土間と床下がつながっていたのですが、その床下に鉄ゲタを放置していました。何日かすると、その鉄ゲタから変な匂いがするようになりました。そして偶然、床下を野良猫が横切る現場を目撃したのです。その猫が鉄ゲタに小便をかけたことが原因だと分かり、余計に鉄ゲタに対する思いが冷めていきました。数ヶ月後には、錆びて変色した鉄の塊に化していました。

さて、肝心の柔道の方ですが、柔道着も買ってもらい、月謝も払ってもらっていたので、何ヶ月かは通いました。しかし、テレビで観たような一条直也の二段投げとはほど遠い現実に、次第に気付いていきました。そんな痛くて地味な稽古の連続から、「柔道は自分には向いていない！」という思いが強くなっていきました。両親の手前、無理して通っていましたが、その内に、情けないことに、別の方向に心が惹かれてしまい、半年もしない内に辞めてしまいました。当時、一緒に柔道場に通っていた小学校の同級生たちは、殆どが中学校の柔道部に入っていました。

柔道を辞めてからは、砂場でのバク転が私の最大の関心事になっていました。小学校内でバク転が出来る生徒が三人いたことを記憶しています。その中の一人が今でも付き合いがある親友の川岡くんです。その三人の中に入りたくて、休み時間や放課後は、その人たちと一緒に砂場で練習をして、数ヶ月後、遂に出来るようになったのです。それが嬉しくて、その日に帰宅すると直ぐに居間の畳の上でバク転をすると、失敗して居間を仕切るガラス戸に膝から突っ込んでしまいました。膝上の皮膚をガラスで切り大量に出血しました。運よく母が家に居たので、車で整形外科に連れて行ってくれ数針縫うことになりました。その時の傷は、六三歳になった今でもまだ残っています。

作文がラジオ局で朗読される

小学二年生の時に書いた作文「ぼくのおとうさん」が優秀と評価され、岩国小学校から年一回発行される『えのき　第一二集』に掲載されました。特に低学年の頃は学校の勉強が全く出来なかったのに、作文だけは先生に評価されたのです。

そして、三年後の小学五年生の時に書いた作文「痛いちゅうしゃ」は、『えのき　第一五集』に掲載されたうえに、山口県のラジオ局で放送（朗読）されました。高学年になっても全く本を読まない子供だったので、特に国語の勉強が出来ず、漢字力もひどい状態でした。読み返してみると、他の同学年の掲載作文に比べて圧倒的に漢字が少ないし、変なところで読点を打っています。しかし、見た目は頭の悪そうな作文であるにも関わらず、当時の先生は私の作文を評価して下さった。そして、文集に掲載された活字になった私の作文がラジオ局の方に評価されたのです。この経験が、私が出版社の社長になる要因の一つになっています。

ご参考までに、その作文を掲載された文集通りの字詰め・行数で転載します。

痛いちゅうしゃ

宮本明浩

「宮本さーん、宮本さーん」と、かん護婦さんが、ぼくの名まえを、よんだ。
とうとうぼくの番が、きた。
ぼくは、のっそり、のっそりと、しん察室に、入っていった。
しん察室には、ちゅうしゃ器やペンチなどが、たくさんならべてあった。
医者が、ぼくを、まちかまえて、いるようだった。
しん察室のいすに、すわったら、特に、ちゅうしゃ器が、よく目に、ついた。

ぼくが、口を、大きく、あけると、医者がぼくの、口の中を、じろじろ、見たら、ちゅうしゃ器を、手に、持って、その中に、くすりを、入れた。

太陽の光で、ちゅうしゃ器の、はりが、光った。

はりが、だんだん、ぼくの口に、ちかづいてきた。

頭を、動かして、ちゅうしゃ器から、だんだんはなれていくと、おかあさんが、頭を、おさえた。

はりの先が、はぶに、少し　当たった。

「ズズズッ」と、針が、はぶの中に、はまった。

いすを、力いっぱいにぎった。

ぼくの手に、あせが、にじんだ。

はぶだけが、体から、はなれていきそうだ。

今度は、ペンチを、出して、歯を、はさむと、「グググッ」と、歯を、ひっぱった。

なかなか、ぬけない。

ペンチで、ひっぱるので、頭が、いっしょに、ついていった。

また、おかあさんが、頭を、おさえた。

「ガク」、やっと、歯が、ぬけた。

血が、はぶから、流れ出た。

うがいを、して、やっとすんだかと、思って、ため息を、ついたら、もう一本、ぬくといった。

ぼくは、体の中に、ある力が、全部ぬけて、しまいそうだ。

休むひまもなく、またいやなちゅうしゃを医者が、持った。

一本目のちゅうしゃ器より、なぜか、大きいような、気がした。

医者は、ぼくの気も、しらないで、手荒くはぶに、針を、はめこんだ。

「いたい」と、いう声も、だせない。

体全体に、「ジーン」ときた。

医者が、ぼくが、いたいのを、楽しみながら、ゆっくり、ゆっくりやっているようだった。

やっと、ちゅうしゃ器を、ぬいた。

今度は、ペンチの番だ。

おかあさんが、頭を、おさえた。

「ガク」ぬけた。

やっとすんだ。

ため息を、しようと思ったけど、またぬくことに、なったらいけないから、歯医者から出てから、ため息を、することに、した。


『えのき　第十五集』(四十六頁~四十八頁に掲載)【岩国市立岩国小学校・昭和四十七年三月十日発行】

私のこんな作文を高く評価し、文集に掲載して下さった小学五年時の担任の松村先生には心より感謝しています。お陰様で長年続いた私の学力コンプレックスをカバーする心の支えになりました。「自分には文才がある」という信念（思い込み？）に発展していきました。もし、私の作文が文集に載らなかったら、私は出版業界を目指すこともなかったと思います。

アキベー誕生秘話

小学生の頃は体育と作文以外、授業中はボーッとしている子供だったように思います。私にとって小学校の教室は休み時間と放課後の為にあったようなものでした。授業中、先生に質問されても（当てられても）すぐに返答をしなかったようです。しばらく経ってから言葉を発するという頭の回転が遅い子供だった様で、クラスの誰かに「蛍光灯」という渾名を付けられました。

岩国小学校の近くに毎日屋という食料品店がありました。下校時にいつも一緒に帰る数人の友達と、そのお店でよく駄菓子を買って食べていました。当時、私はチョコベーという駄菓子が好きで、毎回それを買っていました。一緒に買いに行く友達にバク転仲間の川岡くんもいて、そんな私を見て、ある日「アキベーじゃ〜！」と叫んだのです。私の下の名前は明浩（あきひろ）で、皆から「アキちゃん」と呼ばれていました。川岡くんは、毎回毎回チョコベーを買う私を見て、そのように叫んだのだと思います。その叫びを一緒にいた他の友達も賛同して「アキベーじゃ〜！」と囃し立てました。

その日以来、私の渾名は「アキベー」になってしまいました。田舎の同級生に会うと、今でもそう呼ぶ人がいます。しかし、アキベーと名付けてくれた川岡くんのお陰で、「蛍光灯」という不名誉な渾名がかき消されました。川岡くんには本当に感謝しています。

第二話　超恩人・正兼のオイサン

中学生になったばかりの五月に父が逝く

小学生の頃には毎年マイクロバスを借りて、工場の工員さんや事務員さんたちと一緒に海水浴に行ったり、慰安旅行に行ったりするのが楽しみでした。周防大島に別荘を建てる計画もあったそうです。当時は、父の人生にとっての絶頂期で、父が最も輝いていた時代であり、母が最も幸せだった時代です。

私が小学五〜六年生の頃の夏には、そんな父と私と親戚のお兄さん（しげちゃん）とで、父が購入したモーターボートに乗って瀬戸内海でよく遊んでいました。クラスの友達(白銀くん)を誘って、四人で瀬戸内海の沖でモーターボートから釣りをしたことが、最も楽しい思い出として残っています。小学生時代は川釣りも好きで、数人の友達と一緒に錦川に行き、ボラという魚がよく釣れたことも覚えています。

父の体調が悪くなったのは、そんな絶頂期の頃です。私が小学六年生の最後の冬、一月～二月位だったと思います。小学校から帰ったら父がこたつに横たわっていました。いつも夜遅くまで仕事をしていた父が、まだ明るい昼間の平日に家で寝ていることに、私は底知れぬ物悲しさを感じました。

その翌日、父は近くの病院で診察を受けて体の異常が発覚し、急きょ入院することになりました。何日経っても体調は悪化するばかりで、隣県（広島県）の大きな病院に移った頃には手遅れの状態だったそうです。腎臓の病気でした。今では透析治療を続ければ元気で長生き出来ますが、当時はまだ医学の進歩がそこまでに至っていなかったのでしょう。

父はヘビースモーカーでしたが、完全な下戸でアルコールは一滴も飲めませんでした。晩酌でストレス発散が出来ないことから、夕食後は毎晩毎晩、お菓子を大量に食べていました。それが何年も続いて腎臓を蝕んでいったのでしょう。父が仕事から家に帰ると、必ず大きな紙袋

自宅で父の葬儀が行われました

消防団員の方々が運んで下さいました

魁傑関からの２つの花輪が庭の中央に飾られました

一杯のお菓子を抱えていました。子供だった私は、それも楽しみの一つで、父を迎えると同時に紙袋の中身をチェックするというのが毎日の習慣になっていました。父も、そんな私の喜ぶ姿が嬉しかったのかもしれません。夕食が終わった後、テレビを家族皆で観ながら、お菓子をバリバリ食べるという体にとっては最悪の習慣が招いた結果かもしれません。

私が中学生になったばかりの五月二一日に父は亡くなりました。父が四三歳の時で、私はまだ一二歳でした。私が中学校の校庭で遊んでいると、校内放送で職員室に呼び出されました。荒巻先生という担任の先生から、すぐに家に帰るように言われました。荒巻先生の目から、漠然とした悲しみの色が感じられました。家に帰ったら親戚の叔父さんが迎えてくれて、「アキちゃん、お父さんが亡くなったよ」と、涙声で父の死を伝えてくれました。既に、色んな人たちが家の庭に集まっていました。家の中にも、多くの親戚の人たちが来ていました。

父が亡くなってから分かったのですが、病気が発覚する前にクルーザーを注文していました。利益が毎年伸びていたので、小さなモーターボートでは満足出来なかったのでしょう。

英語に堪能な自慢の叔父さん

父が亡くなってから、家の中は親戚の人たちや父の友人たちが来てくれる様になりました。父は消防団の団長だったので、多くの団員の方々が宮本家を心配して来てくれていました。消防団員で旅行に行った時の宴会の様子を録音したテープを聴かせてくれたこともありました。父は酒が飲めない分、宴会では歌を披露していたので、その録音を聴いて祖母も母も涙ぐんでいました。

親戚の人でよく泊まりがけで家に来てくれたのが、祖母の自慢の弟（近衛兵）の息子である光春さんとその妻（信子さん）でした。光春さんは私の叔父さんになりますが、長身のイケメンでした。岩国高校の先輩でもあり（当時、私はまだ中学生なので先輩になってはいませんが）、英語がペラペラで頭のいい自慢の叔父さんでした。祖母が光春さんと信子さんのことが大好きだったので、息子を亡くした悲しみを察して泊まりに来てくれていたのだと思います。祖母は夫も早く亡くしていたので、強い性格ではありましたが、不幸な人生だったなとつくづく思います。

光春さんは近衛兵の血を引いている為か、体を鍛えることは欠かさなかったようです。中学一年生の頃の私は背が高いだけで腕力が余りありませんでした。叔父としてそんな私を逞しい男に変えようとされたのか、ブルーワーカーという筋トレの器具をプレゼントしてくれました。自慢の叔父さんのプレゼントだったので、素直に筋トレを毎日するようになりました。半年もしないうちに、自分の体に変化を感じるようになってきました。それは確実な手応えとして実感されるようになり、努力が実っていく嬉しさも手伝って、筋トレが私の毎日の習慣になっていきました。その反面、中学一年生からの私の身長は余り伸びなくなってしまいました。

ソフトボールのチームメイトと登校

近所の人たちも心配してくれる人が多くいました。当時は子供の数も多かったので、小学生時代にはソフトボールのチームが地域毎に沢山ありました。その同じチームに山田くんという友達がいて、彼が四番で私が三番バッターでした。特に彼と仲が良く、中学三年間は毎日一緒に歩いて登校していました。

彼の家の隣に、平田さんという同じ自治会の三歳年上のお兄さんが住んでいました。山田くんの家で遊んでいる際、何度か平田さんの部屋に一緒に遊びに行った覚えがあります。平田さんは私の中でヒーロー的な存在でした。特に、身体能力に優れ、側転から数回連続してバク転をし、最後にバク宙をするという技が出来ると聞き、すごく憧れていました。

山田くんとは高校が別になって付き合いは無くなりましたが、中学三年間は本当にお世話になりました。高校時代のエピソードにも書きますが、私は朝が弱く、ギリギリまで寝ていて、毎朝母を怒らせていました。そのツケを山田くんが毎日のように被ってしまっていたのです。中学校と二人の家の位置関係から、山田くんが私の家に迎えに来ていました。つまり、毎日のように山田くんを待たせてしまっていたのです。人に迷惑を掛けてはいけないという母の思いが毎朝の怒りに変わっていました。自分に甘く、朝に弱い私でも、無遅刻で中学三年間を全う出来たのは、間違いなく山田くんのお陰だったのです。

人助けと無縁仏の供養

親戚の人たちが来る回数が減ってくると、その代わりに父の知人だった正兼哲雄さん（以後、正兼のオイサン又はオイサン）が心配して私の家に来てくれるようになってきました。

ここで、正兼のオイサンについて、私が記憶している範囲でご紹介しておきます。

昭和三年一一月に岩国市に生まれ、元は樽屋という名字でした。父親の仕事の都合で幼少期は満州に住んでいたこともありました。両親の離婚で名字が正兼に変わり、祖母に育てられました。その女性は「おがみやさん」と呼ばれていた人で、霊的な特殊能力を使って多くの人々の問題を霊的に解決していました。そんな霊能力者である祖母に育てられた正兼のオイサンは、「人助けをすること」「無縁仏の供養をすること」を祖母から教育されました。「人助けと無縁仏の供養がワシの使命じゃ！」と、何度となく話していました。そんなこともあって、とても信心深い人で、宮本家も毎年、オイサンの無縁仏の供養（錦川におむすびと酒を積んだ灯籠を流す）に参加しました。また、お大師さん信仰と称して、弘法大師とゆかりのある地に何度か一緒に行ったことがあります。

オイサンは一六歳で志願兵として海軍に入隊しました。根っからの軍国少年でした。日本がアメリカに負けたことを悔しがる発言を何度も聞いた覚えがあります。海軍で鍛えただけに、高い所からの飛び込みの技術はずば抜けていました。一緒に川に遊びに行って、高い崖をよじ登って、私の目の前で飛び込みを見せてくれたこともあります。今ではテレビで高飛び込みの選手の競技を見ることが出来ますが、正にあの様な見事さでした。

戦争に行って命拾いをした体験談は、凄まじいものがありました。

何百人もの海軍兵が軍艦に乗って太平洋を航行している時、アメリカ軍の爆撃機に攻撃され撃沈されたそうです。その何百人の中で唯一助かったのが正兼のオイサンでした。海に投げ出され、必死になって沈んでいく軍艦から泳いで離れながら、力つき、海の中に沈んでいく兵士たちを見送りました。そんな中で不思議にも、偶然オイサンは海に浮くものを掴むことが出来たのです。海面には数センチの油が浮いていて、その浮き輪の代わりになる物体によって命を救われました。それは祖母の信仰によるものだと信じて疑わなかったようです。そんなこともあり、祖母から受けた教育である「人助けと無縁仏の供養」はオイサンにとって絶対的なものになっていったのでしょう。

オイサンは終戦後、岩国商業高校を卒業し、一人で酒屋を経営することになりました。運よく酒屋の権利を安く手に入れることが出来たそうです。

オイサンはある時期から選挙運動をするようになっていきました。生まれも育ちも岩国で、酒屋という仕事柄、地元の事情に精通し、口八丁手八丁な性格も手伝って、立候補する人が正兼のオイサンに選挙運動を依頼するようになっていったのです。その為か、岩国の殆どの重鎮と仲良くなっていきました。オイサンにとっては、選挙運動も人助けの延長だったようです。余談ですが、笑い話として本人が話していたのですが、選挙違反で刑務所に入った経験もあったそうです。

もちろん、普段は酒屋の主人として収入を得なければなりません。その一環でオイサンは、宮本自動車修理工場によく営業を兼ねて遊びに来ていたのです。工場の事務所には、いつも多くの人々が出入りしていました。特に、トラックを何台も所有する会社の社長やトラックの運転手の人たちが多く、そんな人たちは酒飲みが多かった。お中元・お歳暮の時期になると事務所にいるだけでオイサンにとって最高の営業になったようです。これは私の母（当時、代表婦人兼事務員）から聞いた話ではありますが。

オイサンには五歳年下の妻（正兼のオバサン）がいて、酒屋は二人で経営していました。オバサンは常に店に座っていて、直接買いに来るお客に対応していました。オイサンは外出していることが多く、営業を兼ねて色んな所に出入りし、その合間に配達をするという様子でした。私も、中学・高校時代にお中元・お歳暮の忙しい時期に配達を手伝ったことがあります。オイサンは情の深い人間味に飛んだ人でもありましたが、オバサンは対照的な性格というか、常に冷静な印象がありました。

正兼のオイサンが家にやって来ると、暗く沈んでいた宮本家がパッと明るくなっていました。オイサンは週に二～三回程度の割合で、夕食が終わった頃を見計らってやって来て、一回あたり一時間から二時間、色んな話をしてくれました。大変な読書家で、読んだ本の内容を話してくれることもよくありました。オイサンが講師で、受講者が祖母と母と私と弟の四人です。この一時間から二時間というのは、『ロゴスドン』の特集インタビューと同程度の長さで、私が直に知識人の話を聞いて楽しんだ最初の体験だったと思います。

オイサンは特に、哲学の重要性を説いてくれました。それまでは聞いたことのない言葉でしたし、話を聞いても意味はよく分からなかったのですが、「哲学」という言葉だけは私の心に残っていきました。人間には原理原則が大切だという話の流れで哲学という言葉を使われていたように思います。そのオイサンとの関わりが、私が哲学雑誌を創刊する最大の要因になりました。オイサンが亡くなった数ヶ月後に、『ロゴスドン』を創刊することになったのです。

ともあれ、宮本家の環境はオイサンによって激変しました。私が小学生までの父が元気な頃は、夕食後はお菓子を食べながら、みんなでテレビを観るという生活習慣が一転して、四〇歳代の男性が宮本家のリビングで講義のようなことをするようになったのです。話の面白さ・興味深さはもちろんありましたが、若干の緊張感もありました。今の時代ではとても考えられない人間関係だったと思います。オイサンのように無償で他人の家庭に入り込んで世話をすることは、今のような時代では、なかなか出来ないことでしょう。

読書家のオイサンは、私が全く本を読まないことを心配して、ルパン三世の本を買ってくれました。漫画本ではなく、文字だけの小説本です。日数はかかりましたが、私が生まれて初めて最初から最後まで読み切ることが出来た本です。オイサンには私が通っていた中学校の先生に親友（広兼先生）がいて、私の学校での成績を知っていました。今と違って当時は情報管理が緩かったというか、いい意味で融通が効いたのでしょう。先生からの体罰も当然のようにあった時代です。オイサンと同年代の広兼先生は、特に悪ガキに対しては激しい体罰を与えていましたが、私はその先生のことが好きでした。自宅で英語の塾をされていて、中一から中三まで通いました。広兼先生のお陰で、苦手な英語も中学時代だけは平均レベルの成績でいられました。

子供がいなかったオイサンは、休日には今でいう各種のアウトドアも体験させてくれました。キャンプ、川下り、スキューバーダイビングと、本当の父親のようなことをしてくれました。オイサン自身も一緒に楽しんでいたことが子供の心にも伝わってきて、私自身も気兼ねなく楽しめるようになっていきました。特に印象に残っていることは、大雨が降った翌日に錦川の上流からゴムボートで川下りをして、途中の橋に引っかかって川に投げ出されたことです。

父が病気になる前に発注したクルーザーの件も、オイサンが上手く処理をしてくれたそうです。宮本家は地元では大きめな地主でしたので、祖母が生きている中で財産分与をするのは困難を極めるところでしたが、宮本家のその後のことを考慮して見事な手腕を発揮してくれました。そのお陰で、父が亡くなった後も、経済的に困窮することはありませんでした。多くの恩人・恩師のお陰で今の私がありますが、正兼のオイサンは恩人を超えた存在でした。

塾の先生のお陰で数学が得意になった

恩師として挙げなければならないのは中学一年から三年間通った数学の塾の坂本先生です。当時は岩国工業高校の数学の先生をされていて、副業として近所の中学生を対象にした数学の塾をされていました。私は小学生までは算数が苦手でしたが、坂本先生に教えてもらうようになって数学が大好きになり、中学時代は体育に加え、数学の授業が楽しくて仕方なかった。先生のご自宅の一部屋を教室にされ、夏はステテコで授業をされ、リラックスした雰囲気が私に合っていたのでしょう。年齢は私の父親世代で、父が亡くなったことで特に気にかけてくださったのか、私が理解出来ていない箇所は分かるように説明して下さいました。

私だけではなく、生徒がどこに引っ掛かっているのかというポイントを上手く教えてくださる先生で、評判が良くて、スペースの限界まで生徒が増えていきました。しかし、私には定位置があって、先生の真正面に座り、私が分かっていないことを即座に察知され、分かるように教えてくださいました。勉強だけではなく、私がトイレに行きたいのを我慢していて、もう限界だという時、「宮本、トイレに行ってこい！」と言ってくださったのです。あの時は本当に助かりました。そんなことまで、生徒の状態をよく観察されていたのです。坂本先生の為にも数学は絶対に満点をとるという気持ちになっていきました。

学校でも数学の時間が待ち遠しく、「分かる人？」と中学校の先生が生徒たちに聞くと、誰よりも早く「はい！」と手を揚げることが出来たのです。坂本先生の塾の授業の進め方は、必ず学校の授業の予習になるようにされていました。ですから、学校の授業が分かって当たり前なのですが、私にとって他の教科は中二までは体育以外全く出来ないだけに、この数学だけは譲れないというプライドもありました。中学三年間、数学のテストはほぼ満点をとることが出来て、社会人になってから数学の塾の講師試験にも合格出来たのです。

一年間で奇跡の一〇〇人抜き

中学二年生まで、私はあまり勉強が得意ではない友達と遊んでいました。夏休みには周防大島にそんな友達数人とキャンプに行ったり、出雲市の国民宿舎に泊りがけの旅行をしたり、坊主頭（当時、岩国中学校の男子は全員坊主）ながら、気の合う複数の友達と中学生活を楽しんでいました。

佐々木くんが発起人で四人グループを作り、休み時間にフォーリーブスの曲を練習した時期もありました。それを録音してスター誕生に応募しましたが、連絡は来なかったそうです。当時は、本気で将来は歌手になりたいと思っていました。雑誌の『明星』は必ず買っていましたし、その中のポスターを部屋の壁にベタベタと貼っていました。小学高学年では圧倒的に天地真理が好きでしたが、中学生になってからは山口百恵に代わっていました。歌番組は大好きで、フォーリーブスや郷ひろみや西城秀樹や野口五郎の曲はテープレコーダーに録音して聴いていました。

中学三年生になるとクラス替えが行われました。その時に、河本くんが私と前田くんと有安くんを掴み、「この四人でグループになろう！」と言ったのです。それまでは話したこともなかった河本くんの行動に呆気に取られていましたが、小学校が一緒だった前田くんも有安くんも、「そうしよう、そうしよう！」と言ったので私も同意し、クラス替え初日に四人グループが誕生しました。

私以外の三人は優等生であることが直ぐに分かりました。因みに、河本くんは広島大学の医学部に合格し、現在は開業医をしています。私の人生を大転換させたのが、その河本くんだったと言っても過言ではないでしょう。彼の家に遊びに行って、自分の部屋との違いに刺激されたり、勉強の要領を自然と学んでいったように思います。他の二人も河本くんに対抗するかのように勉強するので、二年生までの自分とはまるで違った学校環境に激変しました。

三年生になったばかりの模擬テストでは学年で一八〇番台だったのが、高校入試前の最後の模擬試験では八〇番台になり、担任の先生に、「よし、これなら岩国高校に受かるぞ！」と太鼓判を押してもらえました。当時の岩国高校は山口県内で一、二を争う進学校で、岩国中学校で常に一〇〇番以内にいないと合格出来ないとされていました。当時の岩国中学校には、一学年で三〇〇人以上の生徒がいました。

一年間での私の成績の上がり方を「奇跡だ！」と言った先生もいました。相変わらず本は読まなかったので国語や社会は苦手でした。しかし、四人グループの有安くんが常に国語が満点の文系人間で、色んなアドバイスもしてくれて致命傷にはなりませんでした。高専に進学した前田くんからも学習の仕方を学ぶことが出来ました。圧倒的に成績がいいのは河本くんで、彼はよく私に社会の暗記の仕方を教えてくれました。『学年ビリのギャルが1年で偏差値を40上げて慶應大学に現役合格した話』（坪田信貴　著）【KADOKAWA】は映画化されましたが、私の中学三年生の一年間もそれに近いものがあった様に思います。

第三話　俺は絶対に医者になってみせる

県内トップクラスの進学校に合格

多くの人たちのお陰で、当時は県内トップクラスの進学校だった岩国高校に合格出来ました。正兼のオイサンも家族も親戚も皆が喜んでくれました。

特に、正兼のオイサンは大喜びで、数日後に「俺は絶対に医者になってみせる」と書道の筆で書かれた大きな紙を持って来て、私の部屋の壁に貼り付けました。そして、これを毎朝毎晩三回ずつ、声に出して必ず読むようにと言われました。私はオイサンを信頼していましたので、言われた通り、毎朝毎晩、欠かさず素直に読みました。すると、次第に、私は将来医者になる人間なのだと思い込むようになっていきました。

さらにオイサンは、私が広島大学の医学部に合格したらセリカリフトバックを買ってくれると約束してくれたのです。当時、私が憧れていた車でした。自分の部屋にも、その写真を貼っていました。私には中三の時の成功体験がありましたので、絶対に医者になれると心から信じるようになっていきました。

高校一年生の時は、まだ男子は全員丸坊主で男子ばかりのクラスでした。理数科以外は文系・

理系と分けられていませんでした。色んな中学から入学して来たクラスメイトを見て、みんな頭がいいのだろうなと思っていましたが、段々、そうでもないと気付くようになっていきました。そして、「俺はこの中でトップレベルの学力を身に付けるのだ」という秘めた想いを持つ様になっていったのです。

そんな想いもあってクラブ活動はやらないか、または文化系に入ろうかと思っていました。しかし、小学・中学と長年培われた器械体操への価値観からは抜け出せず、体操部があることを知ってからは気になって仕方がなくなり、思い切って体操部が練習している体育館へ見学に行ったのです。

倒立競争で三年連続優勝

広島大学の医学部志望は大前提だったので、部活に専念するつもりはサラサラありません。ユル～クやれる部活なのかどうかが私の入部の条件でした。そんな私にピッタリな部活が岩国高校体操部だったのです。部員の多くが成績優秀で、三年生になると受験勉強を優先させる為に、殆ど練習に参加しなくなる部活でした。

入部を申し出ると、快く受け入れてくれました。中学が一緒だった吉田くんと藤田くんも後に入部したので、三人の一年生が参加するようになりました。当時の主将は三年生の田村さんでしたが、受験勉強の為に、一緒に練習したのは数回位だったと思います。

体操部は鉄棒のある校庭で練習することもありましたが、主に体育館の中で練習していました。バレーボール部とバスケットボール部の間に挟まれて、あまり声を出さずに黙々と細々と練習をしていました。城石先生という若い男の先生が顧問でしたが、殆ど来ませんでした。

既に私は中学時代にバク転だけでなく側転からのバク宙や、その場に立った状態でのバク宙(タッチュウ)が出来ていました。入部早々にその技を披露すると、「おお、すごいね！」と先輩方に言われ、すぐに体操部に馴染んでいきました。

しかし、高校では体操技術は全く向上しませんでした。たぶん筋トレのしすぎが原因だったと思います。身長は高校時代に一七三センチで止まりましたが、体重は七〇キロを超えていました。体操競技には不向きな体になっていたのです。吉田くんは私よりずっとセンスが良く、私が結局出来なかった側転から数回続けてバク転をする技を身に付けました。

私が高校二年になった時、新入生に向けてクラブ活動への勧誘演説会が体育館で開催されることになりました。先輩の指示で私が演説をし、その後ろで吉田くんが側転からバク転を何度も繰り返して、壇上を右端から左端へ横切るというパフォーマンスをやることになりました。私は当時あがり症だったので嫌でしたが、壇上でのパフォーマンスは圧倒的に吉田くんが優っていましたし、すでに藤田くんは練習に来なくなっていましたので仕方ありませんでした。

三年生の先輩方は、私の演説を体育館で聴いていましたので、後で感想を聞いてみると、私の声が小さくて聞こえなかったそうです。吉田くんのパフォーマンスには歓声が上がっていたので、それに関しては成功だったようです。残念ながら、体操部に新入部員は一人も入りませんでした。

いい事もあって、体操部員は率先して運動会の倒立競争に参加していました。逆立ちで歩く距離を競うのですが、私が三年連続して優勝しました。特に私は腕力が強かったので、一年生の時でも、前年に優勝された主将の田村さんに勝ってしまいました。二年の時も三年の時も、倒立競争では優勝しました。

森田さんという一学年上の先輩は特に気にかけてくれ、偶に私の家に遊びに来てギターを教えてくれました。同級生の藤田くんと一緒に一学年上の先輩方数人と、夏休みに周防大島の片添海水浴場でキャンプをしたことが印象深く残っています。

広島大学の医学部を志望

高二からは文系・理系にクラス替えをされたのですが、当然私は医学部志望なので、理系クラスに進みました。すると数学が得意な生徒ばかりで、先生の数学の授業の進め方も変わりました。心の拠り所だった数学の授業も、徐々に分からないことが増えていきました。一生懸命に勉強しているつもりなのに、全く成績には反映されませんでした。数学の授業が徐々に辛くなっていきました。それでも、国立の医学部を受験することを諦めようとはしませんでした。

高校三年に上がると理系のクラス替えが行われました。理数科だけは三年間同じクラスでしたが、高校二年になる際に振り分けられた一組から三組までの理系クラスを、成績優秀者だけ一組に集めたのです。授業の進め方も一組はハイレベルにしたかったのでしょう。国立の医学部受験なら当然一組に入っていなければなりませんが、私は二組に振り分けられました。高校二年生での成績からすれば当然といえば当然なのですが。

高校三年生になって、間も無く英数国の全国模擬試験が行われました。英語と国語が酷く、三〇〇満点で九九点しか取れませんでした。その直後、三年生全員の進学希望調査が行われ、迷わず私は広島大学医学部と記入しました。

その時期から教員室で、私のことが問題視されるようになったようです。ある数学の先生が他の教室の授業中に、「模擬試験で合計一〇〇点以下の者が国立の医学部を志望している。そんなバカなことをするな！」といったようなことを言われたそうです。

私の家にはそれまでに、学校の同級生が複数人遊びに来たことがありました。部屋の壁の「俺は絶対に医者になってみせる」という貼り紙を見て、彼らは毎回失笑していました。多くの同級生が私の医学部志望を知っていた可能性は高いと思います。その数学の先生の発言は、回り

体操部の先輩方と周防大島でキャンプ（ギターを弾いているのが私）

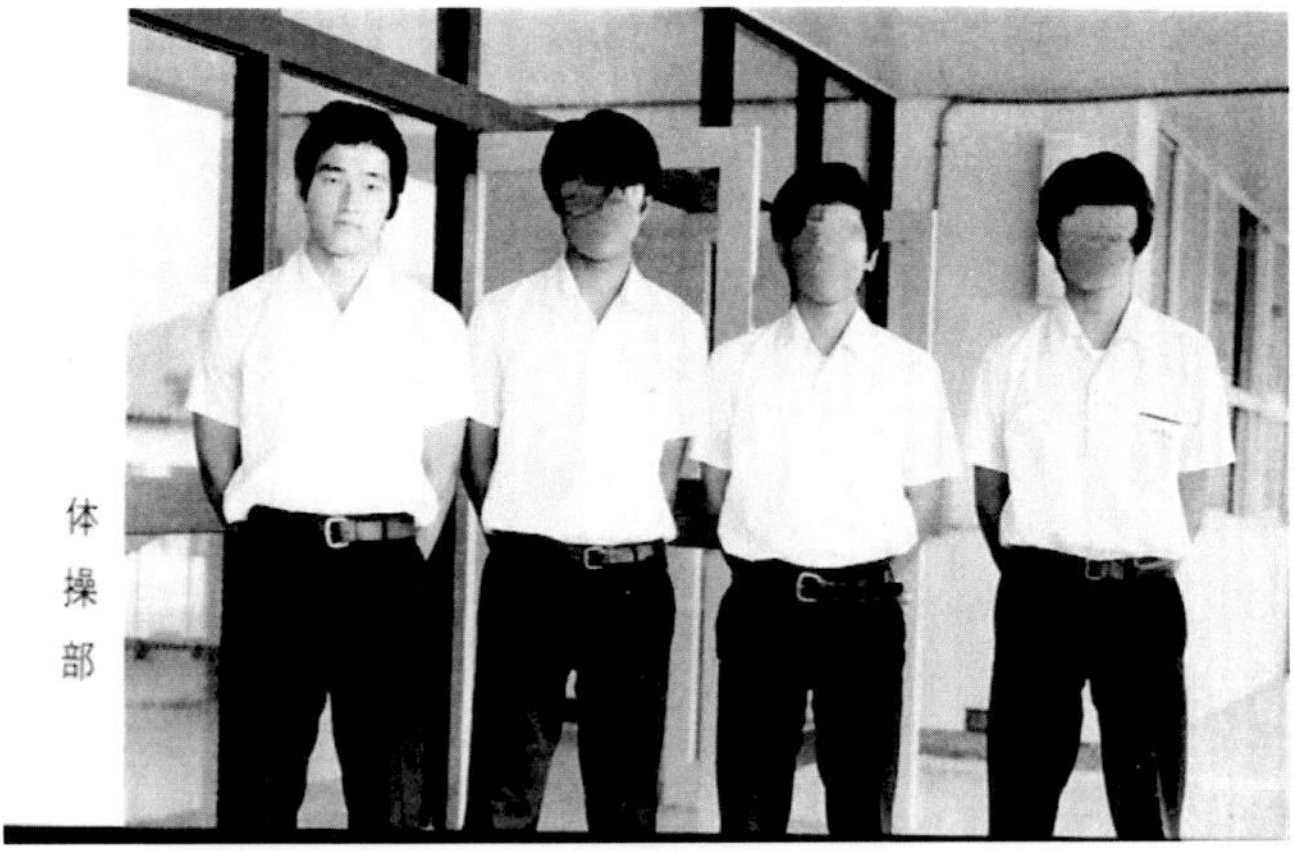

向かって一番左が私。卒業アルバムに掲載された体操部だが、他の３人は偽部員

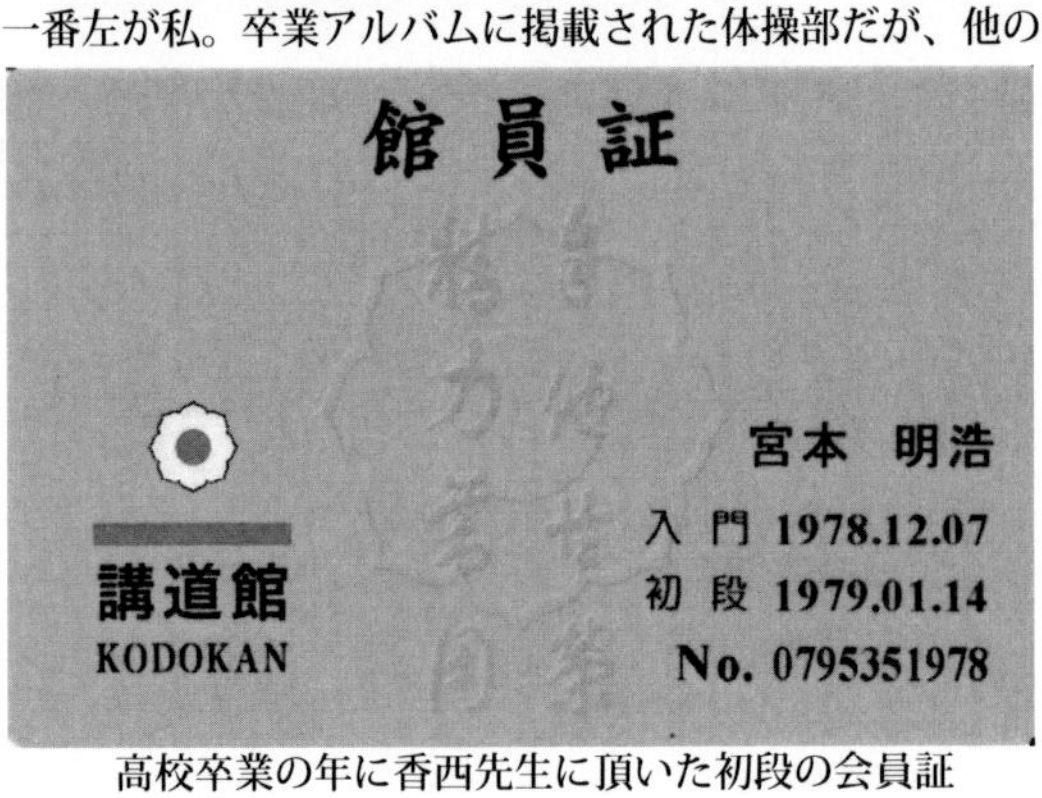

高校卒業の年に香西先生に頂いた初段の会員証

回って私の耳にも入ってきました。その頃から、次第に、私の中の信念に若干の揺らぎが生じるようになっていったのかもしれません。

高校三年生になって、三つの部活から勧誘される

高校三年生からは、柔道か剣道かを選択出来る武道の時間が始まりました。当然、私は体力に自信があったので柔道を選択しました。柔道部顧問の香西先生が柔道の授業を担当されました。高校三年生の私にとって学校の授業は、物理と体育と柔道だけが楽しい時間になってきました。その他の授業はすべて苦痛でした。三つの楽しみの授業の中でも、最高に楽しかったのが柔道の授業でした。そんな私の気持ちが伝わっていたのか、香西先生は何度も柔道部に入るように誘って下さいました。

同じ二組のクラスメイトに、柔道部に所属していた明本くんがいました。彼を介しても、何度か入部の勧誘をしてくれました。今から柔道部に入れば必ずインターハイ選手になれる、大学には柔道のスポーツ推薦で入学出来る、といった言葉を何度もかけてくれました。香西先生にも私の学業成績は伝わっていたのだと思います。残りの一年間、柔道に打ち込むことで将来が開けるといった誘いの言葉でした。

陸上部の金丸くんからも何度か勧誘されました。金丸くんは陸上競技で国体に出場した選手

でした。高校三年生の時に身体能力テストがあって、私は二〇〇メートル走で二五秒九の記録を出したのです。これが陸上部顧問の池元先生の目に止まり、金丸くんを介して入部を勧めてくれたようです。

意外だったのが、そのすぐ後に、バレーボール部から入部の勧誘があったことです。バレーボール部は体育館の体操部の横で練習をしていました。先ほども書きましたが、体操部は三年になると受験勉強の為に練習に出なくなります。私の下の学年は一人も入部しなかったので、活動休止の状態になっていました。身体能力テストで私は垂直跳びで七六センチの記録を出しました。それがバレーボール部の顧問の先生の耳に入ったのかもしれません。学業以外の能力で将来を切り拓け、といったお誘いが続くのですが、当時の私には、どうしても将来は医者という思いがありましたので断り続けました。

一番熱心に誘って下さった柔道部の香西先生には心から感謝しています。先生のお陰で、大学では柔道部に入り、私の人生の大きな心の支えを築くきっかけとなりました。それに加え、高校の柔道の授業で優秀だった生徒として私を選んで下さり、高校卒業前の一月に講道館の初段を授与して下さいました。体操部だった私にとっては、嬉しいプレゼントとなりました。

広島大学の理学部物理学科・不合格

私が高校三年生の時に共通一次試験が始まりました。その点数と二次試験の合計点で、大学の合否が決定されることになったのです。これも、私にとっては幸運なのではないかという思いがありました。頑張れば頑張るほど、共通一次試験の点数を上げることが出来るというイメージを持っていました。

三年生の時の担任は安部先生で英語を教えておられました。中学英語は何とかなっていたものの、高校英語は特に苦手な教科になっていました。努力はしているのに単語が憶えられませんでした。高校時代も本は読まなかったので、文系の科目には苦戦しました。安部先生は、「社会の教科書を丸暗記しろ。何ページに何が書いてあるかが丸々頭に入るように、何度も手垢で黒くなるほど繰り返し見ろ！」といったような専門外の教科のアドバイスも下さいました。文系の科目は根性で何とかなるといった言われ方だったと思います。安部先生のお陰で、丸暗記が功を制し、五教科七科目の共通一次試験の合計点はある程度は取れるようになっていきました。中学三年生の時のような奇跡が起こることを信じていました。当時、四通五落という定説があり、私もその通りに計画表を作成して頑張りました。

ところが、結局、奇跡は起こりませんでした。国立の医学部を受験出来る点数には程遠い共通一次試験の結果となってしまいました。身の程知らずの私は、やっと現実を受け入れることが出来ました。そこで、唯一点数が取れていた物理で二次試験を受けることが出来る理学部受験に変更しました。散々大きな口を叩いて来ただけに、山口大学を受けて落ちると格好がつかないという思いもあり、広島大学理学部物理学科を受験しました。残念ながら不合格でした。

予備校初日に運命の出会い

浪人時代は広島市内にある広島英数学館という予備校に通いました。自宅から電車で片道一時間位の通学になりました。西岩国駅で乗車し、岩国駅で乗り換え、己斐駅まで行って、市内を走る路面電車で予備校近くまで行くのです。

予備校生活の初日に、西岩国駅で乗車すると、その電車に箕浦くんが乗っていました。彼とは中学校も一緒でしたが、仲良しグループが別々でしたし、高校も彼は文系だったので、殆ど一緒に遊んだことがありませんでした。しかし、隣の席が空いていたので一緒に座り話し始めると、彼も同じ広島英数学館に通うことになったことが分かりました。直ぐに意気投合し、昔からの親友であるかのように、二人一緒の浪人生活がスタートしました。

彼は岩国高校時代に野球部の四番バッターとして活躍していました。立命館大学に入って野球をやりたいと、目標がはっきりしていました。その一方で、私は医者になるという目標は既に消滅していました。物理学科も二次試験間際に変更しただけであって、どうでもよかったのです。彼と色々話しているうちに、私の世界観が変わっていったように思います。

そんなわけで、箕浦くんと通学する予備校生活が始まったのですが、岩国という田舎と違い広島市内は都会で誘惑に溢れていました。電車に乗っていても英単語を暗記しようとか、そんな気分にはなれませんでした。それでも一～二ヶ月位はお互いに勉強を頑張ろうとして、予備校帰りには待ち合わせをして、広島市立図書館の自習室に行ったりしていました。しかしその内に帰りの途中、己斐駅近くにあった喫茶店に寄り、二人でインベーダーゲームをするようになったのです。彼はゲームのセンスも良く、高得点を叩き出していました。

彼には藤岡くんという親友がいて、休みの日に私に紹介してくれました。藤岡くんは高校時代に柔道部にいたことは知っていましたので、香西先生のことを話したりして、直ぐに彼とも仲良くなりました。すでに藤岡くんは広島の大学に通っていて、大学でも柔道部に入っていました。香西先生に初段をもらったことと二段も取りたいことを話すと、彼は後日私を市内の柔道場（岩国警察の柔道場？）に連れて行ってくれました。そこには二段の高校生が数人待っていて、「こいつらを五人抜きしたら二段をやるぞ！」と、柔道の師範のような人が言ったのです。浪人になっても筋トレは続けていて、高校時代よりもさらに強くなっている気がしていたので、五人抜きくらい出来るだろうと思い応じました。私は特に寝業に持ち込むと負ける気がしなかったので、立ち技をかけると見せ掛けて寝業に引き込みました。ところが、簡単に抑え込めると思っていた一人目の高校生が想像を絶する強さで、時間切れで結局引き分けになってしまいました。

寝業で勝てなかったことに私は大きなショックを受けていました。自分のスタミナの無さにも愕然としていました。全身の筋肉がパンパンになり、すでに力が入らない状態になっていました。五人抜きという条件だったので、もう帰ろうかと思っていたら、「コイツともやってみろ」と師範のような人に言われ、仕方なく応じると、簡単に一本を取られてしまいました。

その後、藤岡くんは岩国高校の柔道場に私を連れて行ったのです。顧問の香西先生が待っておられ、「どうだった？」と興味深そうに藤岡くんに聞かれました。「○○に引き分けましたよ！」と報告すると、「おお、そうか！」と感心されていました。私には、そのやりとりの意味がよく分からなかったのですが、よく聞いてみると私が最初に対戦した高校生はインターハイ選手だったそうです。二番目に戦った選手の実力は、それ程でもなかったそうですが。それを聞いて腕力だけでは柔道は勝てない。我流だと変な力の使い方をする。部活でしっかりと練習を積まないと、技だけでなくスタミナがもたない、そんなことを学びました。藤岡くんのお陰で、貴重な経験をさせてもらえました。私が大学に入学した際に、自ら柔道部に入る動機につながる経験となったのです。

『太陽にほえろ！』のブルース刑事になった又野誠治くん

私が浪人時代に藤岡くんに紹介され、又野誠治くんと会ったことがあります。彼は相当のヤンチャで、刑務所から出たばかりの頃でした。改造バイクで一人で岩国工業高校に乗り込み、散々威嚇して行ったとか、警察三人に追いかけられたが振り切ったとか。又野くんは小川を飛び越えることが出来たが、警察は三人とも飛び越えられなかったとか、彼の色んな噂話を聞いていました。破天荒なだけでなく、相当の身体能力だと、私も彼には興味を持っていました。

又野くんは藤岡くんと仲が良く、夕暮れ時に国道沿いの自動販売機が何台か設置されている場所で三人で会いました。私が「刑務所はどうじゃった？」と聞くと、「毎日、腕立てしちょったよ」という返答だったことを覚えています。又野くんは私と同年齢なので、その時は一九歳だったと思いますが、既に上京することを決意していました。数年後に石原軍団に入ったこと、『太陽にほえろ！』のブルース刑事になったことを後で知ってすごく嬉しかった。私が東京で夢を追っている時に、同じ東京で活躍している彼の存在に勇気付けられました。

彼が出演するようになってからは、ビデオに録画して必ず『太陽にほえろ！』を観るようにしていました。何回目だったかは忘れましたが、事件が解決した番組の最後の方（ボスを交えて事務所で談笑しているシーン）で、石原勇次郎さんがふざけて又野くんの二の腕を拳で殴りました。すると、勇次郎さんは拳を振って「イテーッ!」といった仕草をされたのです。又野くんの二の腕の筋肉が硬くて、反対に拳の方が痛かったという印象でした。あのシーンは、いつまでも私の脳裏に焼き付いていました。石原裕次郎さんのような大物に、あんな戯れ合い方をされている又野くんが本当に誇らしかったのです。その後はVシネマ等で活躍され、何度かレンタルビデオ店で借りて観た覚えがあります。

浪人時代に車の運転免許取得

箕浦くんは藤岡くん以外にも、村重くんをはじめ数人の友人を紹介してくれました。高校時代の野球部員もいましたが、彼の人脈の広さには感心していました。特に夏休みになると既に大学生になっている同級生が何人も帰省して来て、車で一緒に遊びに行くことも増えてきました。村重くんは東京の大学に進学しましたが、別々の大学になってからも付き合いが続き、彼の結婚式にも私を招待してくれました。

当時の岩国高校では男女交際が公に禁止されていました。当然、運転免許取得も禁止されていました。厳しい校則から解き放たれた一〇代後半の目標を失った若者にとって、集中して受験勉強をするのは酷と言えば酷でした。田舎では車は最高の遊び道具で、同級生とドライブしていると、自分も運転したいという欲求が高まっていきました。その思いは箕浦くんも同じで、一緒に車の運転免許証を取ることにしました。

その頃には、母も正兼のオイサンも、私には勉強はあまり向かないという諦めもあったように思います。特に母は、今からでも自動車の整備士になっていいという考えがあったようです。父が経営していた整備工場は、建物ごと福村自動車に賃貸していました。正兼のオイサンが社長の福村さんの人柄を高く評価して賃貸借の世話をしてくれたのです。そんなこともあって、母は私が運転免許証を取ることに反対しませんでした。

夏休みが終わる頃には、箕浦くんも私も車の運転免許証を取得し、ドライブを楽しむようになりました。予備校の授業は欠席することが増えていきました。そして、学力は殆ど上がらない状態で、共通一次試験の日がやって来ました。結果は、現役時代よりも低い点数となってしまいました。広島大学の理学部は無理だと思い、二次試験が体育実技だけだった教育学部を受験しました。体育実技なら広島大学を受験する連中よりは優れているだろうという考えでしたが、結果は不合格でした。

その頃は、早く大学に入って遊びたくて仕方なかったので、複数の私立大学も受験しました。その結果、三つの大学（日本大学・理工学部、広島工業大学・工学部、松山商科大学・経営学部）に合格しました。理系の大学は実験で遊んでばかりはいられないという情報も入っていたので、文系の松山商科大学に進学しました。箕浦くんは当初の目標通り、立命館大学に合格し野球部に入部しました。彼は現在、自分で設立した会社の社長を務めています。

第四話　支離滅裂な大学生活

松山商科大学の柔道部に入部

浪人時代の昇段試験の経験から、松山商科大学（以後、松大）では柔道部に入部しました。浪人時代でも筋トレだけは続けていたので、更に体力は増していました。柔道部に入ると自分がどこまで強くなれるのか試してみたいという思いもありました。香西先生から黒帯を貰っていたので、それを持って柔道部に行くと、先輩方がすごく歓迎してくれました。

入部早々、四回生の主将が「ちょっと、やってみるか！」と、私を練習相手にしました。いいチャンスだと思い得意の寝技に引き込んで、しばらく抑え込みました。それを近くで見ていた副主将が、「お前、寝技強いな！」と言ってくれたのです。

副主将（名前は忘れました）は、休日に私を呼び出し、どこかの体育館に連れて行ってくれました。そこでは数人がレスリングの練習をしていました。「お前はレスリングに向いていると思うぞ。俺は休日に練習に来るので一緒にどうだ」といったお誘いでした。確かに柔道の寝業に似た様な動きは多いと思いましたが、貴重な休日を使ってまでやりたいという気分にはなれませんでした。

入部して間も無く、道後の温泉街で新入部員歓迎会が開催されました。新入部員は私を含め七人で卒業生も大勢参加され、総勢二〇〇人以上はいたように思います。新入部員が一人ずつ立っては自己紹介をしたと思いますが、何を喋ったかは覚えていません。私は父の下戸の遺伝子を引き継いでいて、アルコールは極度に弱い体質です。しかし、先輩方が次々とお酌に来られ、断ることも出来ずに飲んでいくと、その内に急性アルコール中毒になってしまったのか、気が付いたら救急車で病院に運ばれていました。

松大柔道部は早朝練習をやっていました。毎朝五時から六時位まで、松山城が立つ山の下から頂上までの山道を数回ダッシュで往復し、その後でバーベルを挙げたりする筋トレをしていました。筋トレの際には、愛媛県警の機動隊の人たちも参加されていました。大学の柔道場にも、たまに愛媛県警の人たちが来られていて、その中に濱田さんというオリンピックAチームに所属されていた松大卒の先輩がおられました。四回生の主将のことを「シンジ」と下の名前を呼び捨てにされていたことが印象深く残っています。私の体型が濱田さんと似ているということからか、とても気にかけて下さるようになりました。

松大柔道部は試合前には全員五厘刈りにする決まりがあることは入部した後で知りました。一回生の頃は、まだ浪人時代と同じ髪型でした。夏休み前になると柔道部の一学年上の先輩に「大学生活最後の夏休みだから楽しんでこい」と言われたのです。二回生から、夏休みにも柔道部の練習があるということが分かりました。当時はディスコ全盛期で、四国の松山市内にも四軒のディスコがありました。その一軒でウェイターのバイトを募集していたのです。大学の夏休みは二ヶ月近くあったので、髪があるうちに経験しておこうと思い応募すると採用されました。カリフォルニアシティという店名のディスコでした。

どこから情報が漏れたのか分かりませんが、愛媛県警の濱田さんが私のバイト先のディスコに遊びに来て下さったのです。綺麗な女性とご一緒で、私が濱田さんのテーブルの空き皿を片付けに行くと、「頑張れよ！」と言って五千円もチップを下さったのです。本当にカッコいい方でした。バイトのウェイター仲間に、「あの方は、いずれオリンピックに出るから、よく見ておけよ！」と自慢した覚えがあります。

ディスコのバイトが楽しくなり、夏休みが終わる頃になると柔道部を辞める決意をしていました。勿論、タダでは辞めることは出来ません。最終的に濱田さんが大学の柔道場に来られ、主将に向かって「シンジ、辞めさせてやれ！」という鶴の一声で辞めることが出来たのです。濱田さんも、私の恩人の一人に入ります。

柔道部を辞めてから大学を卒業するまでは、一冊の小説が書けそうな内容なので、この先は写真だけの自分史に致します。一言で言えば、支離滅裂な大学生活でした。結局、大学には六年間在籍しました。バイトの他にも色んなこと（学業以外）に熱中し過ぎて、語学の出席日数が足らず（代返が効かず）二年も留年してしまったのです。当時の松山のディスコのウェイターにはヤンキーが多く、私も興味本位で半年間ほどリーゼントにしてみたのです。外見に合わせて車も改造すると、自然と荒い運転になっていました。その半年間の代償として、浪人時代に取得した車の運転免許証は取消しになりました。人身事故を起こしたわけではありません。何度もスピード違反を繰り返して取消しになったのです。改造車は大学の少林寺拳法部の知人に売りました。一年後にまた免許を取り直して、今度は軽自動車を購入し安全運転を心がけるようになりました。

ヤンキーになってみました。この頃には、柔道に対抗すべく、芦原会館に通っていました。かなりのマッチョでした。

半年で10キロの減量に成功し細マッチョに。ケンメリを改造した車に乗っていました。

空手は３ヶ月で辞め、ヤンキーは半年で引退し、念願だったディスコのDJ見習いになりました。髪型はアフロヘアーのつもりでした。

ディスコのオーナーやDJの師匠には大学生であることを隠していました。師匠が競輪好きで、その影響で競輪選手を目指しました。

このターンテーブルでつなぎ（曲と曲の裏表を合わせて客の足が止まらないようにする）をマスターしました。

しばらくは照明ばかりやらされました。

母が松山に遊びに来た時の写真

大学時代によく遊んだ今は亡き親友の横山くん（向かって右）と。ディスコに行く時は何時も彼と一緒でした。松大サッカー部で身長は 185 センチあり、ダンスも上手かった。

サーフィンとボクシングをやっていた頃。柔道部時代に 75 キロあった体重が 60 キロまで減量出来ました。親友の横山がランニングのトレーナーをしてくれました。

松山全日空ホテルでベルボーイのバイトをしていました。

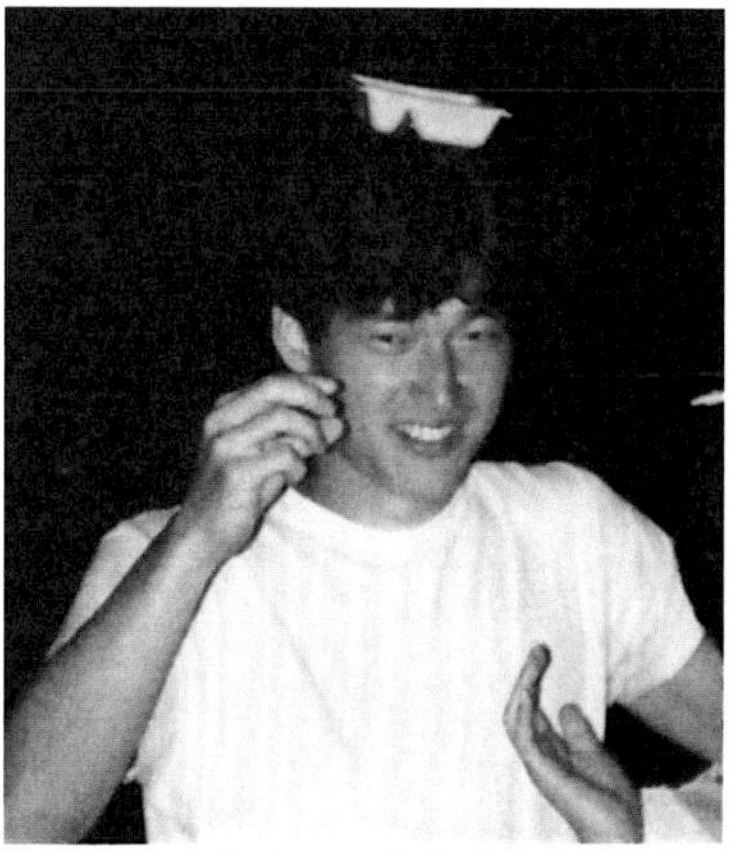

親友の森永くんと松山の夜の海に行った時かな？　彼は高校時代は野球部のピッチャーで男義のあるカッコいい男でした。同い年だけど、私にとっては兄貴の様な存在でした。私が初めて腕相撲で負けた相手でもあります。

正面が私で、半分顔が隠れているのが親友の森永くん。左のテーブルで何かを作っているのが後輩の豊川くん。ユナイテッドレントールのオープンから３人一緒にバイトをしました。３人とも、松大経営学部卒です。

証60の2第　709号

簿記検定合格証書

2級

商工会議所第60回簿記検定試験において頭書の級に合格したことを証する

昭和59年6月10日

日本商工会議所
会頭　五島　昇

松山商工会議所
会頭　[illegible]野[illegible]一郎

大学六年間の唯一の成果が、
この日商簿記２級合格。

大学時代に、のど自慢で優勝した時

松山でも塾の講師をやっていた時期があった！

第五話　社会人から本の虫となる

検察庁の事務官に就職内定

私の卒業年は一九八五年で、バブル景気の前年でした。それでも、就職課に行けば募集に溢れていました。大学六回生の就活時にも、依然として夜のバイト（ディスコのＤＪ）をやっていました。楽しかったので就職せずに、このままＤＪをやって、いずれはディスコを経営しようかとも考えていました。

私の大学時代はまだ携帯がなく固定電話を引いていたのです。母から電話がかかってきたのは、真面目な四回生が就活で忙しくなる時期でした。「検察庁に就職が内定したよ」と、とても嬉しそうな声でした。正兼のオイサンのコネで内定が決まったそうです。当時の私には、どんなことをする役所なのか分かりませんでした。とにかく、母が大喜びしていることだけは伝わって来ました。それまでに何度か、警察の人が就職を勧めに来たことは聞いていました。しかし、柔道部のこともあり、スピード違反のこともあり、自分には肌が合わないと、断るように言っていたのです。

バイト先の後輩たち（大学生のバイトの中で私が一番年上でした）に、「検察庁に内定したよ」

と話すと、「すごいですね！」とか「良かったですね！」とか、皆が検察庁の就職内定に対して高評価をするのです。そんな後輩たちの反応に、検察庁に対する私のイメージが次第に良くなっていきました。その頃の私は他人の評価に左右されるバカな大学生だったのです。

しかし、一度は企業の面接というものを受けてみたいという思いもありました。旅行が好きというのもあって、松大の就職課に募集が来ていた近畿日本ツーリストに応募しました。すると、東京での面接の日が指定されました。面接の前日に松山空港から羽田空港まで行き、その夜は当然のように知人と待ち合わせて六本木のディスコへ行きました。翌日の面接は午前一〇時でしたが、起床した時には既に一〇分前でした。「やはり、俺は検察庁に就職する男なのだ」という思いが湧きあがり、連絡も入れずに面接をすっぽかしてしまいました。

それからは就活はせず、残りの大学生活を如何に楽しむかという方向に心が変わっていきました。バイトばかりやっていたので、お金はありました。楽しいバイトでしたがきっぱりと辞職し、検察庁の事務官という将来の自分を思い描きながら、一人で国内旅行に行きました。

殆どの四回生の就職先が決まっていた頃だったと思います。母から検察庁の内定が取消しになったとの電話が入りました。いつになく落ち込んだ声だったので、変な予感はしていました。理由を聞く気持ちになれなかったので、「分かった」とだけ言って電話を切った様に記憶しています。後で分かったことですが、私の身辺調査が行われて、スピード違反を繰り返して免許取消しになった過去が判明し、検察庁の職員には不適格とされたそうです。

既にバイト先は辞めていましたし、新人のＤＪが皿（レコード）を回していることも聞いていました。仕方なく、また就職課に行くと、東洋観光株式会社がまだ募集していることを知りました。会社概要を見るとホテル経営を始め、ボーリング場、スキー場、レストラン、結婚式場等など、いろんなレジャー関連の事業をやっていました。私は大学時代に全日空ホテルでバイトをした経験もありましたし、スキーも趣味でやっていましたし、ディスコのウェイターも経験していました。自分に合っているかもと思い応募すると、面接が行われ後日採用通知が届きました。

入社式前に、新入社員数名で広島県内のお寺に二泊三日の合宿研修に行かされました。その研修は他の会社の新入社員と合同の研修だったので、一〇〇人以上の新人がいたことを覚えています。朝五時起床で、掃除をさせられ、精進料理を食べ、座禅を組み、和尚さんの説法を聞き、夜一〇時には消灯という厳しいものでした。それに耐えられず、逃走した者もいたそうです。私にとっても、本当に厳しい合宿研修でした。

入社式後は、各部所での研修がスタートしました。ホテル内が中心で、フロント、宴会、厨房、経理などを順に回り新人紹介と仕事内容の説明を受けるといった感じだったことを覚えています。ベッドメイクやテーブルクロスの掛け方や料理の出し方などの実地研修も行われました。特に、ワインの注ぎ方実習で手が震えたことが印象深く記憶に残っています。

私の心の底に染み付いたことは、システムエンジニアの中途採用の方による講義です。自己紹介で広島大学卒だと分かり親近感を持ちました。ヘッドハンティングのようなことだと思いますが、コンピュータの専門家で、会社にコンピュータを導入する為に欠かせない人物だったようです。私より一回り位上に見えましたが、特別な扱いをされている紳士でした。特定の部所に所属されているわけでもなく、会議室でその方一人で新入社員の前で講義をされました。

九〇分位の講義でしたが、社内のコンピュータ化に関する内容のお話は三〇分もしない内に終わり、後は殆どが読書の勧めでした。コンピュータの専門家なので理系の方だと思うのですが、読書を熱心に勧められたことがとても意外に感じられていました。正兼のオイサン以来の読書の勧め論でした。今思えば、コンピュータのことを話しても誰も理解出来ないと感じ、講義内容を変更されたのかもしれません。私にとっては、その人物（名前は覚えていません）の機転によって、人生が大きく変わっていったのです。新人研修でのたった九〇分だけの関わりでしたが、この出会いが無ければ、私が本の虫になることはありませんでした。

新人研修後、私はホテルのフロント部に配属されました。心の底では経理部の方が良かったという思いを持っていました。経理部の社員には自分の机がありましたが、フロント部にはロッカーだけでした。しかも一ヶ月くらいは毎日、ロビーやホテル回りの掃除ばかりをやらされました。当時の私は掃除が嫌いでしたので、「どうして、大学で六年も勉強した人間に掃除ばかりさせるのか！」という不満を心に抱えながらやっていました。

その内に、ゴールデンウイークが近づいてきました。フロントの上司にお願いし、連休をもらうことが出来ました。その頃は「人生って、何なのだろう？」という思いで悶々としていました。読んでいたのは人生論の本が多かったように思います。書名は覚えていませんが、連休には本を持って一人で旅に出ました。その旅先で、会社を辞める決意を固めました。結局、入社後五〇日で東洋観光株式会社を辞職しました。フロントの上司が何度も自宅に電話をかけて下さったのですが、母を説得し毎回居留守を使っていました。今思うと、本当に申し訳なかったと思っています。

広告代理店に転職

当時の私は外見重視の人間だったので、何となく格好良く見えていたアドマンという職業人が気になっていました。まだバブル景気になってはいませんが、広島市内でも中途採用の募集は沢山ありました。その中に、広告代理店の募集があったので応募すると、面接日を指定されました。数日後、広島市中区のビルの一室にあった会社に行くと簡単な面接だけで、その日に採用が決まりました。あっさり決まったので拍子抜けではありましたが、自分の机が指定され、嬉しかったことを覚えています。

私は二課に配属されました。二課は私を入れて五人だけでした。一歳年上のK主任が私の直属の上司になりました。彼とは馬が合い、仕事帰りに一緒に飯を食ったりして直ぐに馴染んでいきました。広島ホームテレビの年末の一時間枠で番組を制作したり、広島県の予算で肉のフェスティバルを開催したり、ファッションビルの一周年記念パーティを企画したりと楽しい仕事もありました。しかし、会社の主な売上は交通広告に依存していたのです。

私は、電車内に貼る連合広告の営業ではかなりの営業成績を上げていました。単価が安いので足で稼ぐ営業で、フットワークが重要でした。体力と気力（怒鳴られても挫けない心）があれば成績は上がります。中途採用とはいえ、殆ど社会人経験が無かった私にとっては有難い仕事でした。学生気分が抜け切らない私に、社会人としての自信を付けてくれました。この頃の読書は、ビジネス本が多かった様に思います。

しかし、そんな足で稼ぐ仕事に慣れてくると、隣の芝生が青く見えてくるのです。華やかな仕事はあまり利益が出ないが、交通広告なら利益率が高いということも徐々に分かってきました。電通のような広告代理店とは、そもそも競う土俵が違うことが分かってきたのです。

社会人になって読書を始めた頃は、一冊読むのに一週間位かかっていました。徐々に読書量が増えていき、読むスピードも少しずつ早くなり、三日に一冊位は読める様になっていきまし

私が所属していた２課担当のファッションビル創建１周年記念パーティ会場でのカジノを任されました。

経費節減の為、ディーラーを使わず、あまり分からないまま私が代わりにやりました。因に、タキシードは自前です。

た。アドマンと言っても結局は営業なので、サボることも自由に出来ました。仕事中にパチンコに行く社員もいましたが、私は喫茶店で本を読む時間が増えていきました。そんなに頑張らなくても営業成績が上がるようになってくると、その分、読書に使う時間が増えていった様に思います。

二七歳で東大を目指す

読書量が増えるに従って、私の考え方も世界観も変化していきました。そして、高校生まで真面目な学生だったにも関わらず、あんなに成績が伸びなかったのは読書をしなかったからだと考える様になっていきました。試しに数学と物理の参考書を読むと、よく理解が出来るようになっていました。私の中で、「読書量と学力は比例する」という確信が芽生えていきました。それで私は、「今からでもやり直せる！」と結論付けたのです。既に二七歳になっていましたが、「これから東大を目指そう！」と決意したのです。

その頃、私は広島市中区袋町のワンルームマンションに住んでいました。岩国高校に合格した時、正兼のオイサンが書いてくれたような貼り紙を作りました。「俺は絶対に東大に合格してみせる」と。その貼り紙を毎日、朝晩に読むようにしました。仕事中には、読書と並行して大学受験の参考書を読むようにしました。

広島市内で広告代理店の仕事をしていた頃に住んでいたマンション内

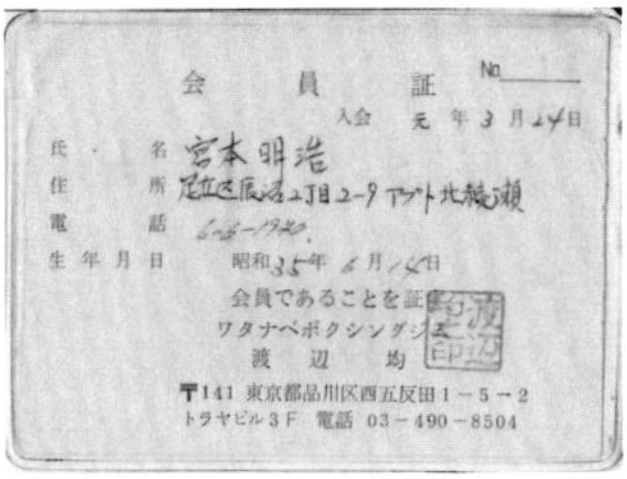

会　員　証　No.

入会　元年3月24日

氏　名　宮本明治

住　所　[illegible]

電　話　[illegible]

生年月日　昭和35年6月14日

会員であることを証

ワタナベボクシングジム

渡辺　均

〒141 東京都品川区西五反田1－5－2

トラヤビル3F　電話 03－490－8504

東京都品川区西五反田のワタナベ
ボクシングジムに通っていました

広島市中区袋町は会社に近く便利でした

そのうち、会社の主任が私の行動を不信がるようになっていきました。自分の給料分位の営業成績は上げようと思っていましたが、受験勉強や読書に時間をかけ過ぎていたのです。以前のような営業成績が上がらなくなった私に対して、主任は徐々に厳しくなっていきました。

ついに決心して、会社に辞表を提出しました。主任は私に社会人としての自信を付けてくれた恩人です。一から広告営業という仕事を教えてくれただけでなく、何度も食事や飲みに連れて行ってくれました。彼に辞意を伝えるのは本当に辛かったことを覚えています。

その数ヶ月後には上京し、東京都足立区辰沼のアパートを借りました。家賃は三万九千円でしたが、バストイレ一体型で、中二階も付いたワンルームでした。広島市中区袋町のマンションは家賃が五万円だったので、東京二三区内にも穴場はあるのだなと満足感はありました。ただ、北綾瀬駅から徒歩一八分というのが不人気だったようです。

貯金も減ってきたし、大学受験の役にも立つと思い、小学館プロダクションが運営していた学習塾の講師採用試験を受けてみました。すると試験に合格することが出来て、小学一年生から中学三年生までを対象にした算数と数学の授業を受け持つことになりました。

その頃から、週に二回くらいは気晴らしに運動した方が勉強の能率も上がるだろうと考え、西五反田のボクシングジムに通うようになりました。大学時代に柔道部を辞めた後で芦原会館に通い、その後で松山ボクシングジムに通っていたので、格闘技をやっていると青春を取り戻した様なエネルギーが湧いてきました。

東大に合格したら小説家になるという夢もあったので、六本木のライターズスクールにも並行して通い始めました。ボクシングは体育の授業、ライターズスクールは文化部の活動として考えていました。大学受験勉強と塾講師とボクシングとライターズスクールで忙しくなりましたが、夢や目標を追っているという充実感がありました。

大学受験には高校の内申書のようなものが必要だったので、高三時の担任の安部先生に電話で伝えました。すると、安部先生は「京大かね？」と、明るい声で冗談っぽく言われました。私は「いえ、東大です！」と返答すると、数秒の沈黙がありました。そして、低い声で「分かった」と呆れた様な声で言われたのです。数日後に、安部先生からの封筒が私のアパートに届きました。

塾の講師の仕事にやり甲斐が出てきたのですが、それに反比例して受験勉強は進まなくなりました。しかも、大学受験の問題集を解いてみると、制限時間をはるかにオーバーしないと解答し切れないことが分かってきました。また、英語の点数は全く伸びず、私の最大の欠点になっていました。英単語がまるで暗記出来ないことで、徐々に独学の限界を感じ始める様になっていきました。

三〇歳という期限を設けていましたので、後一年もないという焦りが出てきました。中三の時の様な奇跡を期待して、東京都新宿区にあった早稲田ゼミナール高田馬場校の夏期講習に参加しました。すると周囲は若い人ばかりで、自分は浮いている存在だと若干の恥ずかしさも感じてきました。それでも受講料は払ったので、真面目に授業は受けました。しかし、英語だけはどうしても苦手意識が払拭出来ませんでした。結局、大した成果も上がらず、夏期講習は終了しました。

その内に、ライターズスクールで知り合った八歳年下のクラスメイトと仲良くなり、授業の帰りに六本木で遊ぶようになっていきました。彼は高卒でしたが、本気で小説家を目指すフリーターでした。繊細な感性の持ち主で、彼と話していると楽しかった。私のアパートに遊びに来るようにもなり、偏差値コンプレックスを持っていた自分にも気付かせてくれました。

時が経つのは早いもので、大学受験にチャレンジ出来る最後の年の一月がやってきました。共通一次試験から大学入試センター試験に名称が変わっていました。結局、奇跡は起きず、東京大学を受験出来る様な点数には遠く及びませんでした。自分の頭脳の限界にやっと気付くことが出来ました。二次試験を受けることなく、就活を始めようと決意しました。

三〇歳で出版業界へ

当時はまだバブル景気でしたので、都内では中途採用の募集に溢れていました。自分の三〇年の人生を振り返り、文章を書くことで生きていきたいと考え、新聞社と出版社の募集に絞りました。その中で、最も惹かれたのが国際評論社という出版社でした。東京都中央区日本橋に会社があったことも好印象でした。古い雑居ビルの一室でしたが、エレベーターを降りた直ぐのローカから雑誌が山積みにされていました。室内も壁一面が雑誌の山で、その中に机が置かれているといった感じでした。面接直後に、企画営業部に配属が決まりました。広告代理店の経歴が採用のポイントだったようです。社員は一〇人程度の小さな出版社でしたが、三種類の雑誌を発行していました。

雑誌の広告営業が私の主な任務でしたが、しばらくは出稿企業の広報・宣伝担当の人に色校紙を持って行ったり、掲載誌を持って行ったり、直取引の書店に納品に行ったりという雑用をさせられていました。慣れてくると毎週のように、都内のホテルで開かれる立食パーティになった企業の新商品発表会等にも行かせてくれました。マスコミへのお土産とプレスリリースが入った手提げ袋を貰って帰って来る、といった楽しい仕事もさせてくれるようになりました。

明治大学卒の菅原さんが企画営業部の直属の上司で、仕事帰りに八重洲の居酒屋でよくご馳走してくれました。団塊の世代の人で、激しい競争を強いられてきたからか、私の未熟さを厳しく指摘してくれました。仕事が出来る人なので、逆らう気持ちにはなれませんでした。私を最も心配してくれていた人だったように思います。

国際評論社には会長と社長がいて、全ての権力は会長が握っていました。社長は実質的には部長レベルだと社内では陰口を言われていました。しかし私は社長に可愛がってもらい、休日にご自宅に招待され、食事をご馳走になり、一緒にテニスをやりました。テニスの腕前はかなりのもので、私より二回りくらい年上でしたが、スタミナは私以上にあったように思います。

社長は何かの記者会見場に一度、私を連れて行って下さいました。記者会見が始まってしばらくして、社長は突如、私の隣で「ハイ！」と大きな声で挙手されたのでビクッとしたことを覚えています。質問内容は忘れましたが、何故か私にはピントはずれに感じられました。社長の質問の後、会場がシーンと静まり返り、そのことが私にはとても恥ずかしかったことを覚えています。そんな私の性格を見越してか、恥ずかしいという気持ちを封印したマスコミの記者の在り方を示して下さったのかもしれません。

そんな社長の指示で、私は平成三年七月に一〇日間ほど、日本のマスメディア数社と共に南アフリカ共和国へ取材旅行に行かせてもらえました。それは私にとって初めての海外旅行でもありました。日本を代表するジャーナリストとフォトグラファーの総勢一〇数名が招待観光旅行をし、その記事と写真を各雑誌・媒体に掲載するという企画でした。アパルトヘイト政策の停止で、六年ぶりに観光渡航の自粛も解除された為、バブル真っ盛りの日本の観光客を誘致しようという観光局の狙いでした。勤務先の出版社を代表して私と会長がそれに参加しました。

国際評論社という出版社で企画営業の仕事をしていた頃

南アフリカ共和国を走るブルートレイン内。10 日間の取材旅行で会長が唯一撮ってくれた私の写真

東京湾を廻るクルージングの取材で

私がジャーナリストとして、会長がフォトグラファーとしてです。恐ろしいことに、企画営業部だった私が日本を代表するジャーナリストとして参加したのです。バブル期には、普通では有り得ないことが起こる、その典型例だったと思います。

もちろん他社・他誌の人たちは皆さん、経験豊富な一流のマスコミ人でした。特に、取材旅行中に親しくなった『エスクァイア日本版』のS氏、『エル・ジャポン』のF氏、『サンデー毎日』のK氏は、私が大いに啓発された優れたジャーナリストでした。彼らが書いた記事は後にそれぞれの雑誌で読み、自分との実力差の大きさに愕然としたことを覚えています。

同行した一〇数名の取材陣の中で私一人が営業職だったこと、英会話が殆ど出来なかったこと、海外へ行った経験が一度もなかったこと、あらゆる知識量が他のジャーナリストに比べて圧倒的に少なかったこと、会長と殆ど喧嘩状態になってしまったこと、その他もろもろの事情で、大恥をかいたり悔しい思いをしたりで、私にとっては大変な一〇日間でした。

もちろん感激したことも多く、特にクルーガー国立公園をランドローバーに乗ってサファリツアーしたことや、テーブルマウンテンや喜望峰からの絶景、豪華なブルートレインでの国内移動、サビサビ地区で夕食後に焚火で囲った野外広場で行なわれたパーティー等、夢のような時間もありました。

最も印象深く私の記憶に残っていることは、『サンデー毎日』のフォトグラファー・N氏が野外パーティーで踊る黒人女性を撮影する際に、自らもカメラを持ったまま彼女と向い合って共に踊りながら、ベストポジションでシャッターを切り続けたことです。彼の見事なパフォーマンスと超プロ根性を賞賛して、会場全体から拍手喝采が巻き起こりました。日本のマスメディアには、素晴らしいフォトグラファーがいると、つくづく感じ入った瞬間でした。

私はその取材旅行から帰国し、取材レポートを提出した後に辞職しました。南ア取材中に会長から、「お前はもう手遅れだ！」と罵倒された時から辞意は固まっていました。その後は、編集プロダクションでの編集者としての人生が始まります。辞職した後に、書店で南ア取材の記事を見ると、私の文章は全く使われていませんでした。殆どが、観光局のパンフレットやガイド本のリライト文でした。

歌人・岡野弘彦先生との出会い

私が出版営業から編集の仕事にくらがえして最初に担当になった仕事が、学習研究社（以下、学研）が発行していた『皇室アルバム』の「和歌と花の旅」というコーナーでした。既に休刊になっていますが、年四回の季刊で発行されていました。

編集の右も左も分からない時期だったので、当初は学研の山中編集長の指示通りに、雑用のようなことばかりやっていました。それが全く苦痛ではなかったのは、憧れ続けた編集の仕事の一端であるということがあったからです。山中編集長から編集のイロハを雑用という仕事を通して学ぶことが出来たのです。

私がもし、そのコーナーの担当にならず、山中編集長との出会いがなかったら、『ロゴスドン』という雑誌も存在しなかったといってもいいでしょう。山中編集長は当時、プライベートで空手の師範をされていて、私より一回り半位年上ですが二人の関係は体育会系のノリに近く、師匠と弟子といった感じでした。

「和歌と花の旅」は、歌人の岡野弘彦先生に皇室とゆかりのある地を旅していただき、その旅路で和歌を詠み、花を愛で、歴史を振り返る紀行文を書いていただき、その文章と写真とで構成していました。当時はまだバブル景気だったので、毎号、岡野先生と山中編集長とカメラマンと私の四人で二泊三日の贅沢な取材旅行をしていました。一〇ページ程度の連載コーナーでしたが、数十万円の制作費を使っていたようです。写真の質を非常に重視していたので、カメラマンは一流の方でした。そこに支払われる費用も高額だったと思います。

取材旅行中の私の役目は、殆どが運転手とカメラマンの助手です。本当はカメラマンの助手までやる必要はなかったのですが、私よりも年上で何冊も写真集を出している偉いカメラマンだったので自然な力関係と言うか、彼が遠慮なく私に助手的な作業の命令をすることに対して、何となく拒否出来なかったという感じでした。

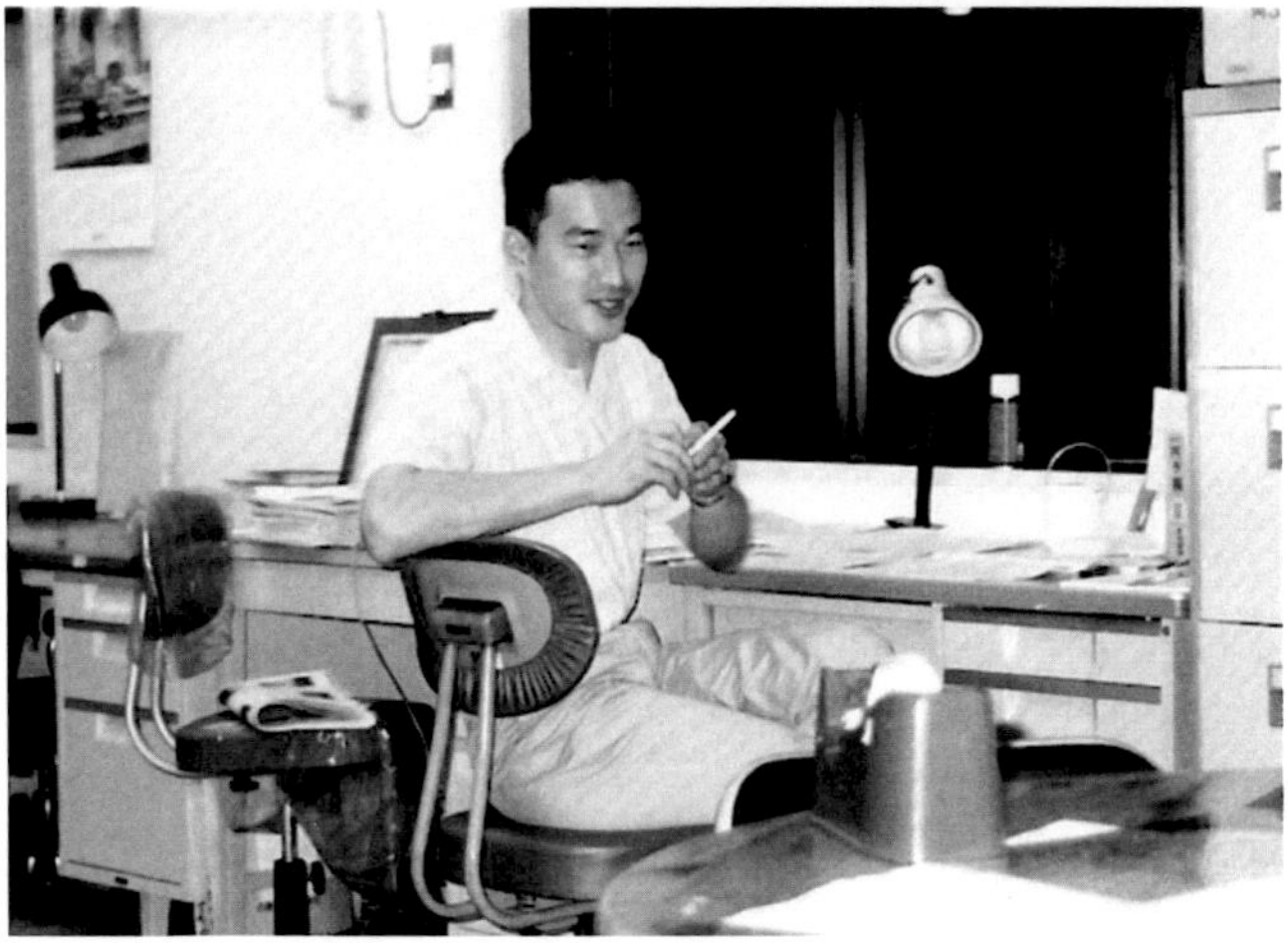

編集プロダクションに勤務していた頃

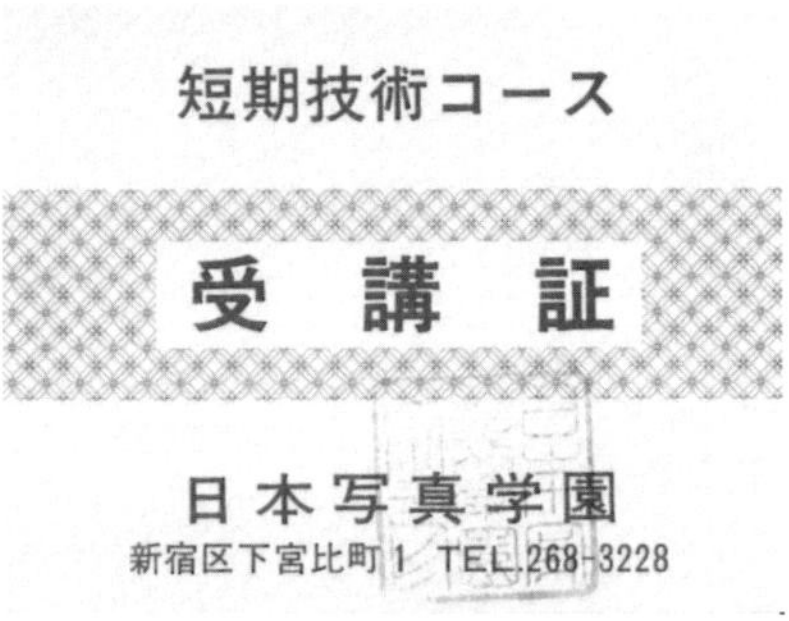

短期技術コース

受　講　証

日本写真学園

新宿区下宮比町1　TEL.268-3228

ここで撮影の技術を身に付けました

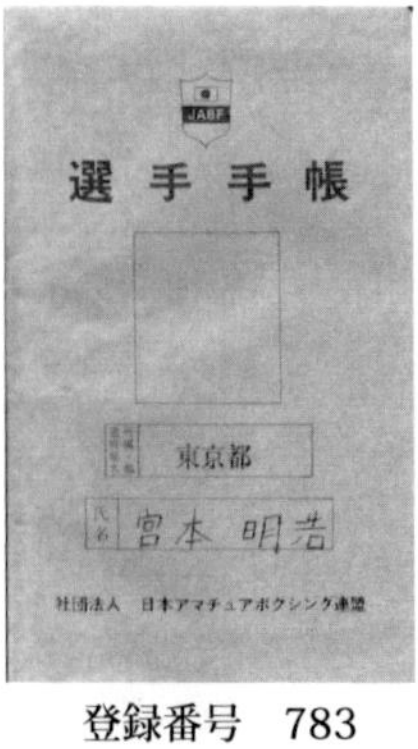

登録番号　783

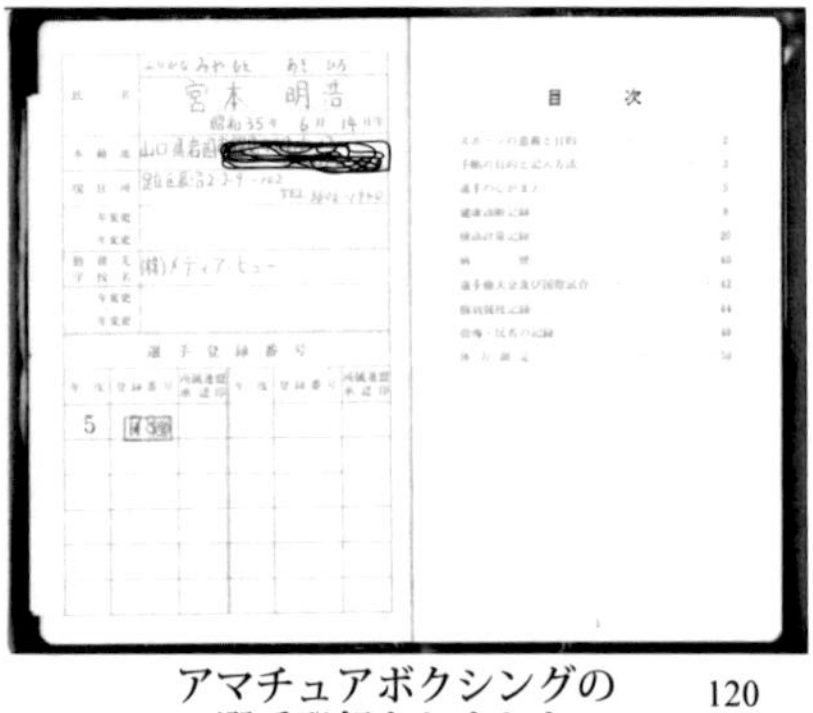

アマチュアボクシングの
選手登録をしました

しかし運転しながら、また食事中、特に宿に入って四人で夕食をとりながら、岡野先生と山中編集長が交わす会話を聞くのが私の大の喜びでした。理解出来ない話もありましたが、話の流れや雰囲気で想像しながら聴く人生を熟知した知識人の本音話は、私にとって最高のおかずでした。私の知らない世界が如何に多いか、知ることが如何に楽しいかといったことを認識する時間でした。

岡野先生は日本を代表する歌人ですが、折口信夫研究の学者でもあります。令和三年には、文化勲章も受章されました。私が学者好きになったのは、岡野先生との出会いがあったからです。「和歌と花の旅」の仕事を通じて二年近くお付き合いをさせていただき、学者という職業人に惚れ込んだのです。岡野先生との出会いがなければ、『ロゴスドン』の特集は存在しなかったと言ってもいいでしょう。山中編集長と一緒に岡野先生のご自宅に泊まったこともあるのですが、地下の書庫を見学させてもらった時の衝撃は今も忘れられません。まるで小さな図書館が自宅の地下にあるかの様でした。本の多さには流石の山中編集長も感心されていました。

岡野先生も山中編集長も、私の大恩人であるにも関わらず、結果的に疎遠になってしまいました。その原因については、当初私が『ロゴスドン』の発行を通して、しばらく疑問を持ち続けた思想的立場の柵《しがらみ》について論じなければなりませんが、恐らく左翼系雑誌と誤解されたように思います。Tさんの「哲学誌上講座」をメインの連載に据えていたこともあり、私の思想的立場がそこにあるように思われたのでしょう。

イラストレーター・ひだまさこさんとは、私が「和歌と花の旅」の担当になってからのお付き合いになります。駆け出しの編集者の頃から、要領の悪い私の依頼に対して、見事な作品を提供してくれました。

一般的には出版業界の職人は、駆け出しの編集者の指定の不味さに対して意地悪になることが多いのですが、彼女は正反対で、実に多くのことをカバーしてくれました。私の間違った指定もちゃんと正しく直してくれていました。彼女とはいつも電話とファックスでのやり取りだったのですが、編集能力の低さによって社内で肩身の狭い辛い思いをしていた時期に、彼女の優しい声で癒されたことを今でも忘れることが出来ません。私より一回り位年上でご主人もいらっしゃる方ですが、私のような粗をさりげなくサポートし受け流してくれる女神の様な存在でした。

山中編集長も彼女のセンスを高く評価していました。彼女の描くカラーのイラストマップは正に芸術品で、「和歌と花の旅」のコーナーには欠かせない作品でした。マップの中に描かれる神社等のイラストも可愛く、色づかいも見事で、そこに本物の職人技を感じました。

弊社の編集部にお越しになった方はご存じだと思いますが、玄関に飾ってある「天使のイラスト」は彼女が弊社に寄贈してくれたものです。彼女の描く天使は素晴らしい癒し効果がありますので、その方面でのご活躍を心から願っています。

彼女の作品は第二号から第七八号まで一五年にわたって『ロゴスドン』に掲載されています。当初はイラストマップとして、その後は「哲学的ワンカット」として掲載しています。

リストラからの始まり

私は会社をリストラされたことで、一九九三年一二月九日に有限会社ヌース出版を設立しました。資本金は三百万円で、社員は私一人だけです。弊社を設立した年はバブルが弾けてリストラが頻繁に行なわれた時期でした。リストラされた会社は、バブル期には儲かっていた編集プロダクションでした。３Ｋと言われていた出版業界の編集制作会社ではありますが、それ程、給料は悪くなかった。主な仕事は月刊誌と季刊誌の編集で、その他に予備校の機関誌や書籍の編集等がありました。私がリストラされる半年くらい前に、主な仕事だった月刊誌と季刊誌の休刊が立て続けに発表され、社員同士でこの会社も危ないという憶測が飛び交いました。憶測通り、その秋口には四名のリストラが言い渡され、私もその中に入ってしまったのです。私にとっては、雑誌の編集という仕事がとても面白くなっていた時期でした。特に、月刊誌の取材で学者や評論家や芸能人等の著名人に会って話を聞くことが好きでした。仕事にやり甲斐というものが感じられ、この道でやっていけるという自信も出始めていました。

そんな頃、仕事の途中にサボって立ち寄った書店で手に取った本が、鷲田小彌太先生の書かれた『哲学がわかる事典』【日本実業出版社】でした。その書店は、後に『ロゴスドン』を直で販売してくれることになる芳林堂書店・高田馬場店です。私の心の片隅に潜んでいた「哲学」というものに、その時の私の感情が敏感に反応して、鷲田先生の本のタイトルに目がとまったのだと思います。しばらく立ち読みしていましたが、「これは買わなければならない！」という衝動にかられて購入しました。その衝動を導いた主な文章は、「記憶魔という秀才たちの時代の終焉」と、「幾何学を知らざるものは入るべからず」でした。この本を読み終えて、何となく哲学が少し分かったような気分になりました。そして、哲学に関わって生きていきたいという思いが芽生えてきました。

リストラで会社を退職する二カ月位前までには、ヌース出版を設立する意思が固まっていました。この社名に決めたのは正兼のオイサンの魂に導かれたのか、私の哲学への思いがつのった為です。鷲田先生の本を読み終えた後に購入した、『哲学入門　哲学基本事典』【富士書店】に出ていた「ヌース」という用語の解説が最も私の心を捉えたからです。社名を決めた後は、『初めての人でもすぐわかる有限会社のつくり方』という本を購入し、その本に書かれてある通りに作業を進めていきました。するとリストラされて無職になる筈の私が、一転して出版社の社長になることが出来たのです。

以前の勤務先である国際評論社発行の雑誌には企業広告が沢山入っていました。バブル期には広告だけでかなり儲かっていました。私は企画営業部に所属していたので、どの位の広告収入があったか大体分かっていて、「雑誌は売れなくても、広告収入で成り立つ」という思いが強くありました。そんな経験から、出版社を創って雑誌を発行し広告を沢山入れて、三年後には社員も数人雇っていて、優雅な生活をしているという甘い夢を見ていました。

哲学を切り口にした総合雑誌といった漠然としたものしかなかったものの、当時三三歳だった私は気力と体力だけは有り余っていたので、とにかく早く雑誌を創刊したいという思いが先走っていました。「十分に考え抜いた末に行動を開始するよりも、まずは行動を開始してから、その都度考えるということも場合によっては必要だ」という考え方だったような気がします。それで、一九九四年三月一日に『ロゴスドン』を創刊するという決意だけは知人たちに宣言しました。数名の知人から何か手伝うことはないかという連絡がありました。その中に、当時はフリーライターをしていたTさんがいました。彼は私が以前に勤めていた会社の先輩でした。私よりも一回り近く年齢が上で、大学時代に左翼の学生運動を経験しており、哲学書は可成読んでいると聞いていたので、「哲学誌上講座」の連載をお願いしました。

ただ、何日たっても、広告が決まりそうな展開にはなりませんでした。少なくとも雑誌の表2、表3、表4の広告面は埋まると思っていましたが、その三つの面さえも、まったくまとまる気配はありませんでした。私が宣言した三月一日が迫ってきていたので、徐々にあせりも出てきました。広告収入がないと、購読料だけで勝負しなければならない。創刊号の一冊の定価は二〇〇円にしたので、仮に二千部売れても四〇万円です。制作費を削りまくっても、残った収入で私一人が生活するのも困難です。

いろいろ考えた結果、私が広告代理店に勤めていた頃に得意だった、連合広告のような営業をやろうと決めました。それが、第五号まで続いた「東京の街発掘」のコーナーです。お店などを誌面で紹介する代わりに、お金をいただく記事広告というものです。純粋広告よりもはるかに安く広告料金を設定するので、数多くの広告主を集めなければなりませんが、根気とフットワークさえあれば何とかなる広告営業です。哲学とはまったく関係のないコーナーになってしまうのですが、背に腹はかえられないと考えました。

当時、弊社は東京都杉並区の荻窪にありましたので、交通費がかからないように、第一回目は「荻窪編」にしました。このコーナーでの収入で雑誌の制作費くらいは賄おうと、お店の開店時間から閉店時間の夜遅くまで、片っ端から飛び込み営業をしていきました。

中には、「このクソ忙しい時に、うるせー！」と怒鳴られたこともありますが、私も必死ですから、そんなことにはめげず、しつこく飛び込み営業を繰り返しました。広告営業の協力者も現れ、結局二人で一四店の広告主獲得に成功しました。三月一日発行という契約内容で営業しましたから、絶対に発行日に間に合わせなければならないと、緊張感も出てきました。

　私が編集プロダクションに勤めていた頃は、締切りを厳守することが最大の重要事項でした。大手の出版社は、契約している締切りに遅れることは絶対に許してくれません。締切りに遅れることは、もう次の仕事はないということと同じ意味でした。制作会社特有の、そんな厳しさが染み込んでいた私にとって、締切り厳守の意識は人一倍に強かったように思います。

哲学者・加来彰俊先生との出会い

　創刊号ということもあり、メインのページには哲学者の文章を掲載すべきだと考えました。創刊まで日数の余裕が余り無かったので、書棚にあった『マスコミ電話帳』に載っている哲学者から選ぶことにしました。その中に、法政大学の哲学の先生がいました。私がリストラされた会社の同僚に法政大学の哲学科を出たOさんという女性がいました。彼女を含めて何度か社員同士で飲みに行ったことがあります。彼女は飲むと、よく哲学の話をしていたのです。彼女の話に耳を傾け、何を言っているのか意味が分からないまま頷いていました。聞き慣れない難しげな用語を使った彼女の話し方に、私は魅力を感じていました。

　そのOさんのことが私の頭をよぎり、最初に法政大学の加来彰俊先生にお願いしてみようと考えたのです。夜遅い時間だったと記憶していますが、ダメもとで『マスコミ電話帳』に載っていた加来先生のご自宅に電話してみました。たぶん先生の奥様だったと思いますが、女性の方が出られました。「夜分に恐れ入りますが、私はヌース出版の宮本と申しますが、カライ先生はご在宅でいらっしゃいますか？」と尋ねました。その女性はちょっと暗い声で、「お待ち下さい」と言って先生を呼びに行かれたのです。

その直後に、「カライだって！」という女性の声が微かに受話器を通して聞こえました。その瞬間に、「ヤバイ！」と思いました。先生の名前を読み間違えてしまったことに気付いたのです。もちろん、正解は「カク」です。

しばらくして、加来先生が電話口に出られました。私は直ぐに気を取り直し、「哲学雑誌を創刊するので原稿を書いて頂きたい」と用件を述べました。すると、「まずは会ってから話を聞きたい」というお返事だったので、数日後にお会いする約束をしたのです。

実に有り難いことなのですが、その頃の私にとって大学の哲学者に直接話を聞かれるということは一大事でした。哲学書といえば鷲田先生の本を一冊読んだだけでしたし、大学での専攻は経営学だったので、自分の実態が暴かれそうで嫌だったのです。まだ哲学者に会った経験がなく、ものすごく気難しい先生ではないかと、色々と負のイメージが膨らんでいきました。本心を言えば、電話だけで原稿執筆の承諾を取り付けたかったのです。会社勤めの編集者時代は、電話だけで即決することはよくあったからです。今思えば、見ず知らずの人間から夜遅く電話がかかって来て、名字のヨミまで間違っていて、設立したばかりの得体の知れない出版社から創刊する雑誌に原稿など書ける筈はありません。正に、若気の至りだったと思っています。

その数日後に加来先生とお会いした場所は、今でもはっきりと覚えていますが、神田神保町の三省堂書店地下一階にある喫茶店でした。加来先生と少し話しただけで、それまで抱いていた負のイメージは一気に吹き飛びました。先生の口調や身体全体から滲み出る雰囲気に、「哲学を長年勉強すると、こんな素敵な歳の取り方が出来るのだ！」と感じたことが印象深く残っています。

加来先生との出会いによって、この道を進んで行くことに迷いが無くなったと言っても過言ではありません。加来先生は幾つかのご質問をされ、私の回答にじっくりと耳を傾けておられました。私の回答をお聞きになって、直ぐに私の知的レベルを察知されたと思います。先生のご質問の中で、ただ一つ覚えていることは「私のことは、どうしてお知りになりましたか？」という質問です。正直に言えば良かったのですが、その時の私は咄嗟に、「以前に勤めていた会社の同僚に法政の哲学科出身者がおりまして、彼女に紹介されました」という嘘の回答をしてしまいました。「その方のお名前は？」と聞かれたので、一瞬「マズイなー！」と思いましたが開き直り、「〇〇〇子です」と元同僚のOさんのフルネームを言いました。加来先生は、その名前をメモされていたので、これは益々不味いなと思いました。その後悔の念は長年続きました。

加来先生は、その喫茶店で「いま、なぜ哲学なのか」というテーマで原稿を書く約束をして下さいました。これで創刊号は何とかなると、ホッとしました。と同時に、「よーし、やるぞー！」という気力がガンガンと湧いて来ました。

その喫茶店でお別れする際に、加来先生が一言、「人に、迷惑だけは掛けないようにね」と、小さな声で言われたのです。私は「はい、分かりました」と直ぐ返事をしたのですが、その時は、何故そう言われたのか、よく理解出来ませんでした。何年も後になってからですが、「加来先生は、七〇年安保の頃の左翼学生と私を重ねて考えておられたのではないだろうか」と思い至りました。加来先生の年齢からすると、あの頃の学生に迷惑をかけられた可能性は高い筈です。因みに、加来先生とほぼ同世代の第一九号でインタビューした相良亨先生は、学生運動の暴力によって片耳が不自由になったそうです。また、第四九号でインタビューした今道友信先生は大学の研究室を砲火され、極めて学術的に貴重な資料を全焼失されたそうです。

数日後、加来先生からの手書き原稿が編集部に郵便で届きました。それを読み終えると感激してジワーッと熱いものが体を流れました。どんな雑誌になるかも分からないのに、こんなに励みになる原稿を書いて頂いてと本当に感激したのです。この先生の名を汚すようなものは絶対に創ってはならないと心に誓いました。

因みに、創刊号の在庫は無く販売していませんが、その加来先生の原稿は『学問の英知に学ぶ　第一巻』（ロゴスドン編集部編）【ヌース出版発行】の「序章　いま、なぜ哲学なのか」に掲載していますので、お買い求めいただければ幸いです。

その原稿の中に、次の一節がありました。

いろいろな分野でものごとの真理が明らかにされて、その知識が蓄積されたものが学問であるが、少なくとも一七世紀頃までは、哲学とはそういった諸学問の総称であった。しかしその後、諸学問は哲学から順次に分離独立して、特に前世紀後半以降は、学問の専門化と細分化の傾向はいちじるしく、哲学もまた学問の一分科となってしまったのである。そして現代では、哲学の専門家たちは、ただ仲間うちだけ通用する符牒のような用語を使って屁理屈をこねているだけであるから、哲学は世間一般には無用視され、敬遠されているのが実情なのである。

この文章によって、『ロゴスドン』を発行する社会的意義の様なものが漠然と私の心の中に浮かび上がってきました。そして、それが次第に、「『ロゴスドン』を通じて、哲学に対して抱かれている堅苦しいイメージを一掃し、哲学の名に親しみが持てるようにする。食わず嫌いな

東京都杉並区荻窪のタナベビルの一室に、ヌース出版を設立しました。

6畳間がオフィスで、3畳間が住居

2DK で家賃は月 85,000 円

人々に、まずは手にとってもらう。哲学へのかけ橋になることが『ロゴスドン』の使命である。そんな思いに発展して行きました。つまり、『ロゴスドン』の出版理念は、哲学者・加来彰俊先生に書いていただいた原稿の中から芽生えて来たものなのです。

学者へのインタビュー経験は私の宝物

『学問の英知に学ぶ』（第一巻〜第六巻）には、諸学問の総称としての哲学を前提とした日本最高峰の学者の英知が凝縮されています。何日も前からインタビューする学者の本を数冊読んで質問にまとめ、当日は九〇分程度のインタビューに集中し、後日インタビュー原稿にまとめるという作業を毎号繰り返しました。マンツーマンでのインタビューですから、役得とはいえ本当に贅沢な体験をさせて頂きました。特定の分野を専門的に取り上げたわけではありませんが、日本最高レベルの学問の英知と密接に関わることが出来た経験は、私の人生の宝物になっています。そんな素敵な経験が出来たのも、ヌース出版という会社を守ってきたからだと思っています。そのお陰で六巻全ての学問の英知が私の頭の中に入っています。今回も数カ所で引用させて頂きましたが、こうした形で今後の私の執筆活動等にも活用させて頂きたいと思っています。

今回の最後の引用として、世界的な科学者である西澤潤一先生のインタビュー記事「暗記ばかりやっていると、思考能力が低下する」の一部をご紹介致します。

「暗記だけしていればいいというのはローレベルな教育ということですが、その暗記と創造とは、どのように関係してくるのでしょうか」という私の質問に対して、西澤先生は次の様にお話し下さいました。

「だいたい学問というのは、暗記から始まるわけですよ。ところが、暗記をあまりにもしすぎると、ものを考えなくなるんです。だから、暗記の量には適量があるんですよ。ここまでの暗記なら非常に創造性が豊かに展開されるし、思考能力が同時についてきて、ものを考えるようになる。そこから、新しいものを展開していくわけですね。知識が適量だと、知識がつながってくるから、変な現象が入ってきたときに、「これはおかしいぞ」と思うんです。ところが、バラバラな知識がいっぱいあるだけだったら、「ああ、こんなものもあるのか」で済んでしまうんです。今までの知識が充分につながっていればこそ、「これはおかしい。変なものが出てきた」と思って調べるんですがね。頭の中がバラバラだと、疑うこともしない。そのように、思索をしているかしていないかによって、非常に対応が変わるんですよ。」

『学問の英知に学ぶ　第一巻』「十一章　日本を救う教育哲学」【ヌース出版発行】

西澤先生もお亡くなりになられましたが、日本から科学技術が無くなると日本人は飢えてしまう、といったことを危惧されておられました。憶えているか憶えていないかをチェックするローレベルな教育を、戦後にアメリカから強引に押し付けられた。その為に日本の創造性が奪われた、という主旨のお話でした。そのローレベルな教育を、後押ししているかの様な日本のクイズ番組。高学歴な人たちがいつまでも、膨大な量の知識や情報の暗記に躍起になっている。最も影響力のある日本のテレビ局が、そんな暗記ヒーローを生産している。そんな暗記ばかりをしていないで、まずは自分史をつくることから始め、自分の善き個性を見出し、世の為、人の為になることに優れた頭脳を使って頂きたいと思っています。

あとがき

医者を目指した頃と同様に、二七歳で東大を目指した時にも随分と失笑されました。双方とも失敗に終わりましたが、その失敗があったから、三〇年も会社を守り続けることが出来たと思っています。特に、紙媒体の雑誌を発行した三三歳から四八歳までの一五年間は、私の情熱の全てを傾け、気力・体力・知力の限界を出し切りました。社員は私一人なので弊社の電話はオフィス代行にし、一人で直扱いの書店開拓と広告営業に奮闘しました。夕方からは次号の特集の内容を考え、その学者の本を読み、インタビュー依頼書を出しました。他のコーナーの取材依頼も並行して行い、その合間に編集作業をし、経理や雑用もこなしました。

平日深夜は資金繰りの為にトラックドライバーをして稼ぎ、土・日・祝日にはプロカメラマンとして結婚式の写真とスポーツ関連の写真を撮っていました。三足の草鞋で、寝ている時間以外は殆ど働いているといった一五年間でした。そんな生活も三〇代では、むしろ充実して楽しかったのです。一日四時間の睡眠で体は回復していました。遊びたいという気持ちにはサラサラなりませんでした。大学六年間で人の三倍は遊んだから、という気持ちもありました。やっと掴んだ自分の居場所（ヌース出版）を命懸けで守ってやるという意識があったと思います。

しかし、命を削る様な生活サイクルは四〇代後半になると、徐々に体力的に厳しく感じられる様になっていきました。『ロゴスドン』第七八号は二〇〇九年六月発行で、その月の一四日に私は四九歳になることを考え、休刊記念号にすることを決意したのです。

何年も前から「人生一〇〇年時代」と言われています。「人生五〇年」と言われた時代もありました。本が書けるという自信が付いた私は、一二〇歳まで生きてやろうと今では思っています。長生きする為には夢や目標があった方がいい。自分の身体、自分の頭脳、自分の能力は自分が判断して夢や目標を設定すればいい。他者に決めてもらうことではありません。他者に理解を求めることでもありません。他者に夢や目標を聞かれても、応える必要はありません。秘め事として心の中に持っておけばいい。それを踏まえた上で強いて言わせて貰えば、二〇年後にヌース出版の創立五〇周年記念出版として、著書を発行することが今の私の目標になっています。どんな本になるかは全く想像が付きません。その時点で、私は八三歳になっていることだけは確かです。

この本では、自分史を書き上げた先にある、物書きのような生活や商業出版を目指すことをお勧めしました。様々な夢や目標が有り得る中の一つの選択肢として、ご提案させて頂いたに過ぎません。ここまで読んで下さった読者の皆様の中から一人でも多く、超自分史にチャレンジされる方が現れますことを心より祈念致しております。

最後に、この本の発行日である二〇二三年一二月九日で九二歳になる同居中の母に、深く感謝したいと思います。そして誕生日、おめでとう。まだまだ、長生きして下さい。

宮本明浩

「ヌース自分史選書」募集要項

「ヌース自分史選書」にチャレンジされる方を募集致します。応募方法は、弊社の編集部（山口県岩国市横山二丁目二番一六号）にフォルトゥーナ書房で作った自分史一冊をご寄贈下さい。

フォルトゥーナ書房との連携事業として、毎年八月末日締めで応募作品の中から公にすべき自分史を選定致します。当選結果は一〇月一二日のフォルトゥーナ書房創業記念日に当ブログで発表致します。（該当作品なしの年がある可能性もあります）。

選考対象は過去三年以内にフォルトゥーナ書房で制作された自分史に限ります。当選作品は「ヌース自分史選書」用に版下を変更し、日本図書コード（ISBN）を付けてヌース出版発行の書籍として流通させて頂きます。当選者の方には事前に弊社と出版契約書を交わして頂きますが、原稿内容に対する責任は執筆者本人にあること、執筆者の著作権や印税を守ること等の重要な契約となっています。自分で書いた自分史を商業出版させたい、自分の自分史は公にする意味があると思われる方は、是非、ご応募下さい。

フォルトゥーナ書房で自分史を制作される方は、左記のブログをご覧下さい。

（ブログ）　https://ameblo.jp/fortunesyobou

著者紹介

宮本　明浩（みやもと　あきひろ）
1960年6月14日 山口県岩国市生まれ
松山商科大学経営学部経営学科卒業
株式会社ヌース出版　代表取締役社長
フォルトゥーナ書房　代表

超自分史のススメ

2023年12月9日　第1刷発行
2024年2月14日　第2刷発行

著　者　宮本明浩
発行者　宮本明浩
発行所　株式会社ヌース出版
（本　社）東京都港区南青山2丁目2番15号　ウィン青山942
電話　03-6403-9781　URL　http://www.nu-su.com
（編集部）山口県岩国市横山2丁目2番16号
電話　0827-35-4012　FAX　0827-35-4013

ISBN978-4-902462-29-6